The HISPANIC PRESENCE in the NEW EVANGELIZATION in the UNITED STATES

The HISPANIC PRESENCE in the NEW EVANGELIZATION in the UNITED STATES

Bilingual Edition

NATIONAL CONFERENCE OF CATHOLIC BISHOPS

United States Catholic Conference • Washington, DC

En junio de 1995, el Comité de Obispos para Asuntos Hispanos conmemoró el quincuagésimo aniversario del establecimiento de la oficina nacional para el ministerio hispano. Durante su reunión nacional llamada "Convocación '95: La Presencia Hispana en la Nueva Evangelización en los Estados Unidos", realizada en San Antonio, Texas, los obispos recibieron a 500 agentes pastorales quienes participaron en una serie de talleres sobre la fe y la identidad cristiana. Al final de cada taller, surgió un compromiso con la Nueva Evangelización. El sumario de estas declaraciones se convirtió en la "Declaración de Compromiso" que se presentó al cierre de la convocación. Esta declaración hace un llamado a los obispos de los Estados Unidos a compartir sus perspectivas acerca del aporte de los hispanos a la Iglesia. Esta declaración, *La Presencia Hispana en la Nueva Evangelización en los Estados Unidos*, es la respuesta de los obispos de los Estados Unidos a los líderes pastorales acerca de la presencia hispana y la relación entre fe y cultura. En noviembre de 1995, la National Conference of Catholic Bishops aprobó la publicación bilingüe de *La Presencia Hispana en la Nueva Evangelización en los Estados Unidos* y su publicación fue autorizada por el que suscribe.

Monseñor Dennis M. Schnurr
Secretario General
NCCB/USCC

Créditos de las Fotografías: pags. 8, 12, 17, 18, 22, 26, Araceli M. Cantero/*La Voz Católica*; pags. 16, 20, 27, Moises Sandoval/*Revista Maryknoll*; pag. 24, Ronaldo Cruz.

Las citas bíblicas fueron tomadas de la *Biblia Pastoral Latinoamericana* © 1972, Ramón Ricciardi y Bernardo Hurault con permiso.

ISBN 1-55586-460-0

Primera impresión, noviembre de 1996

Copyright © 1996, United States Catholic Conference, Inc., Washington, D.C. Todos los derechos están reservados. Ninguna porción de este trabajo puede reproducirse o ser transmitida en cualquier forma o por cualquier medio, ya sea electrónico o mecánico, incluyendo fotocopias, grabados, o por cualquier sistema de recuperación y almacenaje de información, sin el permiso por escrito del propietario de los derechos.

In June 1995, the Bishops' Committee on Hispanic Affairs led the commemoration of the fiftieth anniversary of the establishment of a national office for Hispanic ministry. At their national gathering, "Convocation '95: The Hispanic Presence in the New Evangelization in the United States," held in San Antonio, Texas, the bishops hosted five hundred pastoral leaders who participated in a series of workshops dealing with Christian faith and identity. A commitment to the New Evangelization evolved at the conclusion of each workshop. A summary of these workshop statements became the "Statement of Commitment" presented at the closing of the convocation. The statement called for the bishops of the United States to share their views on the contribution of Hispanics to the Church. This statement, *The Hispanic Presence in the New Evangelization in the United States,* is a response to the pastoral leaders from the bishops of the United States on the Hispanic presence and the relationship between faith and culture. In November 1995, the National Conference of Catholic Bishops approved the bilingual publication of *The Hispanic Presence in the New Evangelization in the United States,* and it is authorized for publication by the undersigned.

Monsignor Dennis M. Schnurr
General Secretary
NCCB/USCC

Photo Credits: pp. 8, 12, 17, 18, 22, 26, Araceli M. Cantero/*La Voz Católica*; pp. 16, 20, 27, Moises Sandoval/*Revista Maryknoll;* p. 24, Ronaldo Cruz.

Scripture quotations, unless noted, are taken from the *New American Bible with Revised New Testament,* copyright © 1986 by the Confraternity of Christian Doctrine, Washington, D.C., and are used with permission. All rights reserved.

ISBN 1-55586-460-0

First printing, November 1996

Copyright © 1996, United States Catholic Conference, Inc., Washington, D.C. All rights reserved. No part of this work may be reproduced or transmitted in any form or by any means, electronic or mechanical, including photocopying, recording, or by any information storage and retrieval system, without permission in writing from the copyright holder.

Contenido

PREFACIO
8

FE Y CULTURA
16

LA OPCIÓN PREFERENCIAL POR LOS POBRES
18

LA CENTRALIDAD DE CRISTO
18

TESTIGOS DE ESPERANZA
20

LA CULTURA DE LA MUERTE
22

LA CULTURA DE LA VIDA
22

LA BENDICIÓN DE LA PRESENCIA HISPANA
24

PRESENCIA PROFÉTICA
28

ADVERTENCIA PROFÉTICA
30

LA ESTRELLA DE LA EVANGELIZACIÓN
32

NOTAS
34

APÉNDICES

A. MENSAJE DEL SANTO PADRE
36

B. DECLARACIÓN DE COMPROMISO DE LA CONVOCACIÓN '95
38

C. CONTEXTO HISTÓRICO DEL MINISTERIO HISPANO EN LA IGLESIA CATÓLICA EN ESTADOS UNIDOS
42

Contents

FOREWORD
9
FAITH AND CULTURE
17
PREFERENTIAL OPTION FOR THE POOR
19
THE CENTRALITY OF CHRIST
19
WITNESS TO HOPE
21
THE CULTURE OF DEATH
23
THE CULTURE OF LIFE
23
THE BLESSING OF THE HISPANIC PRESENCE
25
PROPHETIC PRESENCE
29
PROPHETIC WARNING
31
THE STAR OF EVANGELIZATION
33
NOTES
35

APPENDICES

A. MESSAGE FROM THE HOLY FATHER
37
B. CONVOCATION '95 STATEMENT OF COMMITMENT
39
C. HISTORICAL CONTEXT OF HISPANIC MINISTRY
IN THE CATHOLIC CHURCH IN THE UNITED STATES
43

Prefacio

Para conmemorar el quincuagésimo aniversario del establecimiento de una oficina nacional para el ministerio hispano por los obispos católicos de los Estados Unidos, el Comité para Asuntos Hispanos solicitó a la Conferencia Nacional de Obispos Católicos la publicación de una declaración pastoral sobre un aspecto de la Nueva Evangelización; principalmente, sobre la relación entre fe y cultura. La declaración pastoral, *La Presencia Hispana en la Nueva Evangelización en los Estados Unidos*, refleja la experiencia en el ministerio pastoral entre el pueblo católico hispano como un modelo para la Nueva Evangelización. La declaración pastoral reafirma la labor de evangelización entre católicos hispanos en los últimos cincuenta años y da una mirada al futuro y a los desafíos de la Nueva Evangelización, al acercarnos a la celebración del Gran Jubileo del año 2000 y la presencia hispana en la Iglesia Católica al empezar el nuevo milenio.

Líderes católicos de la pastoral hispana de todas partes del país, se reunieron en San Antonio, Texas, del 23 al 25 de junio de 1995, para celebrar cincuenta años del establecimiento de una Oficina Nacional para el ministerio hispano. Este evento, llamado "Convocación '95", tuvo como tema "La Presencia Hispana en la Nueva Evangelización en Estados Unidos." La Convocación incluyó dos sesiones generales dedicadas a los temas de evangelización, misión, cultura y servicio. Se celebraron además veintidós talleres. Hubo ocho talleres en la mañana dedicados a temas doctrinales, teológicos y espirituales tales como: oración y sacramento, vida en el Espíritu, el nuevo *Catecismo de la Iglesia Católica*, Vivir la Iglesia, vocaciones, Evangelizando la Cultura, religiosidad popular y Biblia e Iglesia. Los catorce talleres de la tarde fueron dedicados a temas específicos de preocupación pastoral; en particular, familia, escuela, salud, aborto y eutanasia, jóvenes, justicia social, relaciones inter-raciales y étnicos, asuntos de inmigración, servicios pastorales a los migrantes, misión y servicio, el *Plan Pastoral Nacional para el Ministerio Hispano*, la mujer en la Iglesia y la sociedad, responsabilidad política y estructuras eclesiales para el ministerio hispano. Al concluir la Convocación '95, los participantes emitieron una "Declaración de Compromiso" a la Nueva Evangelización en nuestro país, pidiendo a los obispos que compartieran con toda la Iglesia su visión acerca de la contribución hispana a ésta. Esta Declaración Pastoral es nuestra respuesta al pedido de los líderes pastorales.

La Presencia Hispana en la Nueva Evangelización en Estados Unidos está dirigida a toda la Iglesia en nuestro país. La Declaración de Compromiso dice: "Buscaremos las maneras de compartir con toda la Iglesia en Estados Unidos el progreso realizado en la pastoral hispana." Esto es esencial para la unidad de la Iglesia en nuestro país, ya que todos estamos llamados a su misión de evangelización, culto y servicio.

Dos documentos emitidos por la Conferencia Nacional de Obispos Católicos brindan los fundamentos para la respuesta al llamado a una Nueva Evangelización: *Vayan y Hagan Discípulos* publicado el 12 de febrero de 1993, y el *Plan Pastoral Nacional para el Ministerio Hispano*, publicado el 18 de enero de 1988. Todos los pastoralistas dedicados a la Nueva Evangelización deben familiarizarse con estos docu-

Foreword

To commemorate the fiftieth anniversary of the establishment of a national office for ministry to Hispanics by the Catholic bishops of the United States, the Committee on Hispanic Affairs requested the National Conference of Catholic Bishops to issue a pastoral statement on one aspect of the New Evangelization, namely, the relationship between faith and culture. The pastoral statement, *The Hispanic Presence in the New Evangelization,* reflects the pastoral ministry experience among Hispanic Catholics as a model for the New Evangelization. The pastoral statement reaffirms the evangelization efforts of the last fifty years among Hispanic Catholics and also looks to the future and the challenges of the New Evangelization as we approach the celebration of the great jubilee of the year 2000 and the Hispanic presence in the Catholic Church in the beginning of the new millennium.

From June 23 to 25, 1995, Hispanic Catholic pastoral leaders from all parts of the United States gathered in San Antonio, Texas, to celebrate the fiftieth anniversary of the establishment of a national office for ministry to Hispanics. The event, called "Convocation '95" had as its theme "The Hispanic Presence in the New Evangelization in the United States." In addition to two general sessions dedicated to evangelization, mission, culture, and service, Convocation '95 included twenty-two workshops. There were eight morning workshops dedicated to doctrinal, theological, and spiritual issues: prayer and sacraments, life in the Spirit, the new *Catechism of the Catholic Church,* living as Church, vocations, evangelization of culture, popular religiosity, and Bible and Church. The afternoon workshops, fourteen in all, were devoted to specific areas of pastoral concerns—family, school, health, abortion and euthanasia, youth, social justice, interracial and ethnic relations, immigration issues, pastoral services to migrants, discipleship, the National Pastoral Plan for Hispanic Ministry, women issues, political responsibility, and ecclesial structures for Hispanic ministry. At the end of Convocation '95, the participants issued a "Statement of Commitment" to the New Evangelization in our country, asking the bishops to share with the entire Church their own view of the contribution of Hispanics to it. This pastoral statement is a response to the pastoral leaders' request.

The Hispanic Presence in the New Evangelization in the United States is addressed to the entire Church in our country. The Statement of Commitment says: "We will look for ways to share with the entire Church in the United States the progress brought about in Hispanic Ministry." This is essential to the unity of the Church in our country since all of us are called to its mission of evangelization, worship, and service.

Two documents issued by the National Conference of Catholic Bishops provide the basis to the Hispanic pastoral leaders' response to the call for a New Evangelization: *Go and Make Disciples,* published February 12, 1993, and the *National Pastoral Plan for Hispanic Ministry,* published January 18, 1988. All pastoral agents dedicated to the New Evangelization should become familiar with both documents since they are meant to guide all of us in this task. In this response to the Statement of Commitment of Convocation '95, the bishops limit their observations to only one aspect of the New Evangelization, namely, the *relationship between faith and culture*. Other essential aspects of evangelization are discussed in the two prior documents.

mentos, ya que su propósito es guiarnos en esta tarea. En esta respuesta a la Declaración de Compromiso de la Convocación '95, los obispos limitan sus observaciones a sólo un aspecto de la Nueva Evangelización, esto es, a *la relación entre fe y cultura*. Otros aspectos esenciales de la evangelización son tratados en esos dos documentos.

A fin de comprender mejor lo que significa la presencia hispana en Estados Unidos, se ha incluído tres apéndices al documento *La Presencia Hispana en la Nueva Evangelización en los Estados Unidos*. El Apéndice A es el mensaje enviado por el Santo Padre, Juan Pablo II, a los participantes de la Convocación '95. El Apéndice B, incluye una copia de la "Declaración de Compromiso," aprobada por los líderes pastorales que participaron en la Convocación '95, la cual es citada en este documento. El Apéndice C es una breve reseña histórica del ministerio hispano en los Estados Unidos de 1945 a 1995.

+ Roberto O. González, Presidente
Comité de Obispos para Asuntos Hispanos
Conferencia Nacional de Obispos Católicos

To assist in better understanding the Hispanic presence in the United States, three appendices have been included at the end of *The Hispanic Presence in the New Evangelization in the United States.* Appendix A is the message sent by our Holy Father, John Paul II, to the participants of Convocation '95. Appendix B includes a copy of the "Statement of Commitment" approved by the pastoral leaders at Convocation '95, which is quoted in this statement. Appendix C is a brief historical overview of Hispanic ministry in the United States from 1945 to 1995.

+ Roberto O. González, Chairman
Bishops' Committee on Hispanic Affairs
National Conference of Catholic Bishops

LA PRESENCIA HISPANA EN LA NUEVA EVANGELIZACIÓN EN LOS ESTADOS UNIDOS

"En este momento de gracia reconocemos que la comunidad hispana[1] que vive entre nosotros es una bendición de Dios". Con estas palabras empezamos nuestra carta pastoral acerca de la presencia hispana en la Iglesia, hace doce años.[2] Hoy, en los albores del tercer milenio de la historia cristiana, queremos reafirmar y difundir dicha convicción. Declaramos que la presencia hispana en nuestra Iglesia constituye un regalo providencial del Señor en el reto de la nueva evangelización a la que estamos llamados en esta hora de la historia.

Vemos el momento actual como un tiempo de gran oportunidad. Es cierto que este siglo ha sido testigo de algunas de las ofensas más grandes nunca antes cometidas en contra de la dignidad humana. Este ha sido el siglo de guerras mundiales, genocidios y regímenes totalitarios. Todos anhelan un nuevo comienzo, una nueva esperanza, una nueva confianza de que la sed por libertad no es una ilusión vana y que la búsqueda de aquella verdad que nos libera no es un sueño vacío. Este anhelo nos da la oportunidad de proclamar a Jesucristo como la única respuesta a las preguntas que atormentan el corazón humano. Guiados por nuestro Santo Padre, el Papa Juan Pablo II, la Iglesia responde a este reto con la alegre propuesta del *Evangelio de la Vida* como el fundamento de una cultura que verdaderamente responde a todas las necesidades humanas, espirituales y materiales. El *Evangelio de la Vida* proclama que los derechos humanos tienen su origen en la Sabiduría del Creador, que la libertad es inseparable de verdades de las que no somos autores y que la paz es segura, si se funda en una auténtica solidaridad entre hombres y mujeres de diferentes orígenes raciales y étnicos.

Muchos en el mundo entero ven a Estados Unidos como la tierra de la esperanza por la libertad y la justicia. No obstante, nuestro país no ha estado exento de los avances logrados por la "cultura de la muerte" de la que habla el Santo Padre, en la cual los débiles son abandonados a la manipulación de los poderosos. Aún así, cuando miramos hacia el futuro no tenemos miedo. Sabemos que Jesucristo, que ha vencido el pecado y la muerte, es el Señor de la Iglesia, que la guía constantemente, otorgándole la sabiduría para interpretar los signos de los tiempos

> *Este anhelo nos da la oportunidad de proclamar a Jesucristo como la única respuesta a las preguntas que atormentan el corazón humano.*

THE HISPANIC PRESENCE IN THE NEW EVANGELIZATION IN THE UNITED STATES

"At this moment of grace we recognize the Hispanic[1] community among us as a blessing from God." With this declaration we began our pastoral letter on the Hispanic presence in our Church twelve years ago.[2] Today, at the dawn of a third millennium of Christian history, we wish to reaffirm and expand on this conviction. We affirm that the Hispanic presence in our Church constitutes a providential gift from the Lord in our commitment to that New Evangelization to which we are called at this moment of history.

We see the present moment as a time of great opportunity. True, this century has seen some of the greatest offenses ever against human dignity. This has been the century of global wars, genocides, and totalitarian regimes. All yearn for a new beginning, a new hope, a new confidence that the thirst for liberty is not a vain illusion and that the search for the truth that sets us free is not an empty dream. This yearning provides us with the opportunity to proclaim Jesus Christ as the only answer to the questions that torment the human heart. Led by our Holy Father, Pope John Paul II, the Church responds to this challenge by the joyful proposal of the Gospel of life as the basis for a culture truly responsive to all human needs, spiritual and material. The Gospel of life proclaims that human rights have their origin in the Creator's wisdom, that liberty is inseparable from the truths of which we are not the authors, and that a peace founded on authentic solidarity between men and women of different racial and ethnic origins can be secure.

Many around the world still see the United States as the land of hope for liberty and justice. Yet our country has not been spared from the advances made by the "culture of death" described by the Holy Father, in which the weak are abandoned to the manipulations of the powerful. Still, when we look at the future we are not afraid. We know Jesus Christ, who has conquered sin and death, is the Lord of the Church guiding her at every moment, providing her with the wisdom to interpret the signs of the times and the spiritual resources to respond to the challenges of the moment.

We consider the Hispanic presence in our country a great resource given to us by the Lord himself for our struggle against the culture of death. In our pastoral letter of twelve years ago, we referred to the Hispanic presence as *prophetic*. We called upon our Hispanic brothers and sisters to share with us the prophetic witness of an identity forged by the Catholic faith. This summer, more than five hundred Catholic leaders in Hispanic ministry who gathered in San Antonio exer-

> *In our pastoral letter of twelve years ago, we referred to the Hispanic presence as prophetic. We called upon our Hispanic brothers and sisters to share with us the prophetic witness of an identity forged by the Catholic faith.*

> *Es en la relación entre fe y cultura, en donde la contribución de los fieles hispanos puede ser verdaderamente profética y providencial.*

y los recursos espirituales para responder a los retos del momento.

Consideramos la presencia hispana en nuestro país como un gran recurso que nos ha dado el Señor mismo en nuestra lucha contra la cultura de la muerte. En nuestra carta pastoral de hace 12 años, nos referimos a la presencia hispana como *profética*. Hicimos entonces un llamado a nuestros hermanos y hermanas hispanos para que compartan con nosotros el testimonio profético de una identidad forjada por la fe católica. Este verano, más de 500 líderes del ministerio hispano católico reunidos en San Antonio, ejercieron su papel profético. Clérigos, religiosos y laicos de 110 diócesis de nuestro país se reunieron del 23 al 25 de junio para celebrar el 50 aniversario del establecimiento de la Oficina Nacional para el Ministerio Hispano de nuestra Conferencia Episcopal. Al término de la reunión, llamada Convocación '95, hicieron una Delaración de Compromiso[3] a la nueva evangelización en nuestra nación. La declaración que ahora hacemos es nuestra respuesta entusiasta a esa declaración.

Sin embargo, nuestra declaración está dirigida no sólo a los participantes de Convocación '95. Nos dirigimos a toda la Iglesia en nuestro país, haciendo un llamado a todos para que reconozcan la bendición que nos ofrecen nuestros hermanos y hermanas hispanos con su compromiso a la Nueva Evangelización. Sólo hay una Iglesia Católica en Estados Unidos y en todo el mundo. La evangelización es siempre tarea de toda la Iglesia. Nuestra Iglesia se ha visto bendecida por la presencia de una gran variedad de culturas, razas y tradiciones étnicas, las cuales contribuyen a la riqueza de la vida eclesial. El compromiso de los católicos hispanos es un regalo para todos nosotros y, al recibirlo, nos comprometemos a trabajar juntos para la propagación del Evangelio.

En esta declaración, no pretendemos tratar todos los aspectos de la Nueva Evangelización. Este estudio puede encontrarse en nuestra declaración *Vayan y Hagan Discípulos*, del 12 de febrero de 1993. Tampoco pretendemos que esta declaración incluya un estudio sobre el ministerio a los hispanos, su historia, sus características y sus metas. En este sentido, reafirmamos lo que dijimos en nuestra carta pastoral sobre la presencia hispana e insistimos en la implementación del *Plan Pastoral Nacional para el Ministerio Hispano*, publicado el 18 de enero de 1988. Este plan pastoral es el fruto del proceso de los "encuentros" que comprometió a los hispanos de todas las regiones y estilos de vida a trazar metas y objetivos.

En cambio, en esta declaración deseamos responder a lo ocurrido en Convocación '95. Consideramos esta declaración como un diálogo con aquellos que ofrecieron su declaración de compromiso con la Nueva Evangelización. La Nueva Evangelización debe estar basada en un diálogo que incluye todos los segmentos de nuestra comunidad católica, buscando la contribución de sus experiencias de fe y aprendiendo del testimonio de todos. Los participantes de Convocación '95 reconocen esto al mencionar: "Buscaremos las maneras de compartir con toda la Iglesia en Estados Unidos el progreso realizado en la pastoral hispana".[4] Es en este espíritu de diálogo que ofrecemos nuestros pensamientos en lo que, en nuestra opinión, creemos que puede ser la contribución más importante de nuestros católicos hispanos a la Nueva Evangelización, es decir, la experiencia de cómo la fe en Cristo crea una cultura que proteje, mantiene y promueve la dignidad humana. Es en esta área, el área de la relación entre fe y cultura, en donde la contribución de los fieles hispanos puede ser verdaderamente profética y providencial.

En su mensaje a los participantes en la Convocación '95, nuestro Santo Padre, el Papa Juan Pablo II,

cised their prophetic role. Clergy, religious, and laity from 110 dioceses of our country came together from June 23 to June 25 to celebrate the fiftieth anniversary of the establishment by our Conference of a national office for Hispanic ministry. At the end of their gathering, called Convocation '95, they issued a "Statement of Commitment"[3] to the New Evangelization in our country. Our statement today is our enthusiastic response to this statement of commitment.

We address this statement, however, not only to the participants of Convocation '95. We write to the entire Church in our country, calling all to the blessing offered to us by our Hispanic brothers and sisters' commitment to the New Evangelization. There is but one Catholic Church in the United States, as it is everywhere around the world. Evangelization is always the task of the entire Church. Our Church has been truly blessed by the presence of a great variety of cultures, races, and ethnic backgrounds, all contributing to the richness of our ecclesial life. The commitment of our Hispanic Catholics is a gift to all of us, and by welcoming it, we commit ourselves to work together for the spread of the Gospel.

In this statement we do not intend to discuss all the aspects of the New Evangelization. This discussion can be found in our 1993 statement *Go and Make Disciples*. Neither do we intend this statement to contain a discussion of the ministry to Hispanics, its history, its characteristics, and its goals. We reaffirm what we said in our pastoral letter on the Hispanic presence and urge all to implement the *National Pastoral Plan for Hispanic Ministry*, published on January 18, 1988. This pastoral plan is the fruit of the *encuentro* process, which engaged Hispanics from all regions and walks of life in formulating goals and objectives.

Instead, in this statement we wish to respond to what happened in Convocation '95. We see this statement as a dialogue with those who offered their "Statement of Commitment" to the New Evangelization. The New Evangelization must be based on a dialogue engaging all segments of our Catholic community, seeking the contribution of their experiences of faith, and learning from the witness of all. The participants at Convocation '95 recognized this when they wrote: "We will look for ways to share with the entire Church in the United States the progress brought about in Hispanic ministry."[4] It is in this spirit of dialogue that we offer now our thoughts on what we believe can be the most important contribution of our Hispanic Catholics to the New Evangelization, namely, the experience of how faith in Christ generates a culture that protects, sustains, and promotes human dignity. It is in this area, the area of the relation between faith and culture, where the contribution of our Hispanic faithful can be truly prophetic and providential.

In his message to the participants in Convocation '95, our Holy Father Pope John Paul II recognized the importance of the Hispanic contribution in the area of faith and culture. His Holiness expressed the wish that "by drawing on its rich history and experience, the Hispanic community can offer a unique contribution to the dialogue between faith and culture in American society today, and thus open new paths for the spread of the Gospel in the Third

> *The New Evangelization must be based on a dialogue engaging all segments of our Catholic community, seeking the contribution of their experiences of faith, and learning from the witness of all.*

reconoce la importancia de la contribución de los hispanos en el área de la fe y la cultura. Su Santidad expresa el deseo de que "basados en su rica historia y en su experiencia, la comunidad hispana puede ofrecer una contribución única al diálogo entre fe y cultura en la sociedad norteamericana actual, y de esta forma, abrir nuevos caminos para la propagación del Evangelio en el Tercer Milenio".[5] *Nosotros creemos que ésta es la contribución más importante de los católicos hispanos a la Nueva Evangelización en Estados Unidos*. Por lo tanto, recibimos el compromiso de los participantes en la Convocación '95 de "compartir con nuestros hermanos y hermanas católicos de los Estados Unidos lo que es una fe encarnada en cultura".[6]

FE Y CULTURA

La relación entre la fe y la cultura radica en el corazón de la Nueva Evangelización. La palabra *cultura* viene del verbo latino *colere*, que significa cultivar la tierra. Con el tiempo, la expresión *cultura animi*, la cultura de las almas, vino a designar el proceso de formación personal del individuo. Cuando el proceso de formación personal se llega a entender en términos intelectuales, una "persona culta" es aquella que simplemente tiene muchos conocimientos. Sin embargo, la formación personal es un proceso con elementos intelectuales, afectivos, éticos y prácticos. Toca todo lo que constituye aquello que es característicamente humano. Cultura es lo que configura al ser humano como específicamente humano. El Concilio Vaticano II reconoce a la cultura como el cultivo de los "bienes y valores naturales"[7] a través de los cuales logramos una completa madurez humana[8] por medio del dominio sobre el mundo que fomenta los recursos de la creación. De esta manera, cultura designa la perfección de la persona humana, la construcción de un orden social justo y el servicio de los demás.[9] El documento de Puebla lo resume definiendo cultura como "el modo particular como, en un pueblo, los hombres cultivan su relación con la naturaleza, entre sí mismos y con Dios de modo que puedan llegar a 'un nivel verdadero y plenamente humano'".[10] Como tal, cultura designa el estilo de vida que caracteriza a los diferentes pueblos. Así pues, es apropiado hablar de una pluralidad de culturas.

La Nueva Evangelización se dirige, de modo especial, a aquellos a los que el Evangelio ha sido proclamado pero para los cuales aún no es una experiencia real de vida en todas sus dimensiones. El Evangelio nos da luz en relación a lo que es verdadero o falso, correcto o equivocado, deseable o indeseable. Nos informa y transforma nuestra experiencia con la naturaleza, del paso del tiempo, del trabajo y el descanso, de los demás, del motivo de la vida y del sentido de la muerte. *Estas son las experiencias que caracterizan una cultura*. El Evangelio, por lo tanto, toca los cimientos de todas las culturas. Aunque dirigida a cada persona, la invitación de seguir a Jesucristo tiene necesariamente una dimensión cultural. Sin ella, el Evangelio se convierte en un sistema abstracto de ideas y valores que pueden ser manipulados para excusar pecados personales y sociales. La Nueva Evangelización pretende servir de puente entre la fe y la cultura, mostrando que *una fe que no crea cultura es una fe estéril*.

El punto de partida común y absolutamente esencial de todas las culturas humanas auténticas es el *reconocimiento de la persona humana como valor en sí misma*, como afirma el Concilio Vaticano II.[11] Es decir, que la persona humana nunca debe reducirse a un "instrumento" para alcanzar una meta, por muy buena que sea esa meta. La persona humana, cada persona humana, sin importar las circunstancias, debe ser reconocida y respetada como tal, sin condición alguna. Todas las culturas humanas auténticas dependen de este hecho. *Decir que el Evangelio*

Millennium."⁵ *We believe this to be the most important contribution of Hispanic Catholics to the New Evangelization in the United States.* Therefore, we welcome the commitment by the participants in Convocation '95 to "share with our Catholic brothers and sisters in the United States what a faith incarnate in culture is."⁶

FAITH AND CULTURE

The relationship between faith and culture is at the heart of the New Evangelization. The word *culture* comes from the Latin verb *colere*, which means to cultivate the ground. Eventually, the expression *cultura animi*, the culture of souls, came to designate the personal formative process of the individual. When the process of personal formation is understood in intellectual terms, a "cultured person" is someone who simply knows a lot. However, personal formation is a process with intellectual, affective, ethical, and practical components. It touches on everything that is characteristically human. Culture is what shapes the human being as specifically human. The Second Vatican Council sees culture as the cultivation of "natural goods and values"⁷ through which we reach full human maturity⁸ by means of the dominion over the world which develops the resources of creation.

Culture thus designates the perfection of the human person, the construction of a just social order, and the service of others.⁹ The document of Puebla defines culture as "the specific way in which human beings belonging to a given people cultivate their relationship with nature, with each other, and with God in order to arrive at 'an authentic and full humanity.'"¹⁰ As such, culture designates the style of life that characterizes different peoples. Thus it is appropriate to speak of a plurality of cultures.

The New Evangelization is aimed in a special way at those to whom the Gospel has already been proclaimed but for whom it has not become a lived experience of reality in all its dimensions. The Gospel enlightens us as to what is true and false, right and wrong, desirable and undesirable. It informs and transforms our experience of nature, of the passage of time, of work and rest, of other people, of the purpose of life and the meaning of death. *These are the experiences that characterize a culture.* The Gospel, therefore, touches the foundation of all cultures. Although addressed to each person, the invitation to follow Jesus Christ has a necessary cultural dimension. Without it the Gospel becomes an abstract system of ideas and values that can be manipulated to excuse individual and social sin. The New Evangelization is

tiene una dimensión cultural necesaria, es decir que promueve el reconocimiento, la afirmación y el desarrollo de todos los seres humanos como tales. El Evangelio entonces, nos empuja a la búsqueda de la libertad, la superación personal, el cuidado del débil y del necesitado, y la liberación de estructuras económicas, políticas y religiosas alienantes, tanto de la vida individual como social.

exigencias del Evangelio en determinadas situaciones sociales.[13] En América Latina, a esta solidaridad se le dió el nombre de "opción preferencial por los pobres".

La Declaración de Compromiso publicada por la Convocación '95 nos recuerda esto cuando reconoce que una señal de una cultura formada por el Evangelio es la existencia de la *opción preferencial por los pobres* en la sociedad. De ahí, el compromiso de "dar testimonio de cómo se incultura en un pueblo la opción preferencial por los pobres, que es parte esencial de la fe católica".[14] *Nosotros recibimos este compromiso y lo reconocemos como una contribución, a la Iglesia en nuestro país, de la reflexión eclesial y de la vida práctica de la Iglesia de Latinoamérica en las últimas décadas.*

La Declaración de Compromiso entiende correctamente este concepto como "la afirmación de la dignidad de la persona humana tal como fue creada por Dios, sin otro propósito que el bien de su existencia".[15] Así pues, los participantes expresan su compromiso de luchar "contra todo intento de instrumentalizar a la persona humana y de valorar sólo su posible contribución al progreso material de la sociedad".[16]

LA OPCIÓN PREFERENCIAL POR LOS POBRES

Cuando el 9 de marzo de 1983, Papa Juan Pablo II manifestó a los obispos de América Latina y del Caribe que el momento actual requiere una evangelización nueva en entusiasmo, expresión y métodos, se refería precisamente al proceso de renovación que la Iglesia en América Latina está llevando a cabo desde el Concilio Vaticano II.[12] Lo esencial de este proceso es reconocer que el éxito en la evangelización ocurre únicamente cuando la fe da forma a la cultura. Es decir, la evangelización es inseparable de la afirmación y la defensa de la dignidad de las personas humanas. Sin embargo, debido a que el Evangelio toca las raíces de las culturas, la verdad acerca de la dignidad humana está destinada a encarnarse en la cultura. Esta afectará las estructuras sociales mediante las cuales la persona humana ejerce dominio sobre los bienes de la naturaleza y sobre la distribución de los frutos de su desarrollo. Estas estructuras deben estar al servicio de la persona humana y son valiosas en la medida en la que reconocen y afirman a la persona misma. Para poder juzgar si éste es o no es el caso, es necesario aceptar la experiencia y *unirse al clamor de justicia de aquellos* que sólo pueden exigir respeto a raíz de su propia identidad como personas. Esta experiencia se convierte en criterio de interpretación de las

LA CENTRALIDAD DE CRISTO

Para poder entender la profunda razón de la unión entre la opción preferencial por los pobres y el impacto de la fe en la cultura, cabe recordar que la comunión con Jesucristo implica declararse a favor del respeto a la vida en este mundo en todas sus dimensiones. A través de la fe y los sacramentos, entramos en una relación con Jesucristo y con Dios Padre. Adquirimos una visión de la realidad y una experiencia de la naturaleza, de los demás y de Dios,

intended to bridge the gap between faith and culture by showing that *a faith that does not generate culture is a sterile faith*.

The common and absolutely essential point of departure of all authentic human cultures is the *recognition of human personhood as valuable for its own sake*, as the Second Vatican Council affirms.[11] That is, the human person may never be reduced to an "instrument" to achieve a purpose, no matter how good the purpose may be. The human person, each single human person regardless of circumstances, must be recognized and respected as such unconditionally. All authentic human cultures depend on this fact. *To say that the Gospel has a necessary cultural dimension is to say that it will promote the recognition, the affirmation, and the development of all human persons as such*. The Gospel thus compels the quest for freedom, personal growth, care for the weak and needy, and liberation from alienating economic, political, and religious structures of individual and social life.

PREFERENTIAL OPTION FOR THE POOR

On March 9, 1983, when Pope John Paul II said to the bishops of Latin America and the Caribbean that the present moment required an evangelization new in ardor, expression, and methods, he was building precisely on this process of renewal carried out by the Church in Latin America after the Second Vatican Council.[12] Central to this process is the recognition that a successful evangelization occurs only when faith shapes culture. That is, evangelization is inseparable from the affirmation and defense of the dignity of all human persons. However, because the Gospel touches the foundations of cultures, this truth about human dignity is meant to become incarnate in the culture. It is meant to affect those *social structures* through which the human person exercises dominion over the goods of nature and the distribution of the fruits of their development. These structures must be at the service of the human person, recognized and affirmed as valuable for his or her own sake. In order to judge whether this is or is not the case, it is necessary to embrace the experience of those who have no other claim to respect than their own identity as persons, *joining them in their quest for justice*. This experience becomes a criterion for interpretation of the demands of the Gospel in particular social situations.[13] In Latin America this solidarity was given a name: the "preferential option for the poor."

The Statement of Commitment issued by Convocation '95 reminds us of this criterion when it recognizes that a sign of a culture formed by the Gospel is the existence of a *preferential option for the poor* in society. Hence the commitment to "give witness to how the preferential option for the poor, an essential aspect of the Catholic faith, becomes a cultural reality."[14] *We welcome this commitment and recognize it as the contribution to the Church in our country of the last decades of ecclesial reflection and practice in the Church in Latin America*.

The Statement of Commitment correctly understands this term as "the affirmation of the dignity of the human person as created by God with no other purpose than the good of its own existence."[15] Thus the participants express a commitment to "struggle against all attempts to instrumentalize the human person, valuing only its possible contribution to the material progress of society."[16]

THE CENTRALITY OF CHRIST

In order to understand the deepest reason for the link between the preferential option for the poor and the impact of faith on culture, we must remember that communion with Jesus Christ

The New Evangelization is intended to bridge the gap between faith and culture by showing that a faith that does not generate culture is a sterile faith.

que es consistente con esa relación y que es posible por medio del don del Espíritu de Dios. Esta visión y esta experiencia definen la manera de entender o la *actitud* nacia la realidad que está orientada hacia la consumación del plan de Dios para la Creación al final de los tiempos. Así pues, empezamos a vivir aquí, en esta tierra, la vida del Reino de Dios que se manifestará en toda su magnitud al final de los tiempos. Es esta visión o actitud que se expresa culturalmente a través de estructuras sociales, especialmente aquellas que se refieren al trabajo y al descanso. La Declaración de Compromiso publicada por la Convocación '95 lo expresa de esta manera: "Buscaremos formas para demostrar que nuestros esfuerzos en el área de justicia social son consecuencia de nuestra fe en Jesucristo, el Señor, el centro de la historia y del universo. En la verdad acerca de Jesucristo, verdadero Dios y verdadero Hombre, descubrimos lo que es la persona humana en todas sus dimensiones: individual, social, material y espiritual".[17]

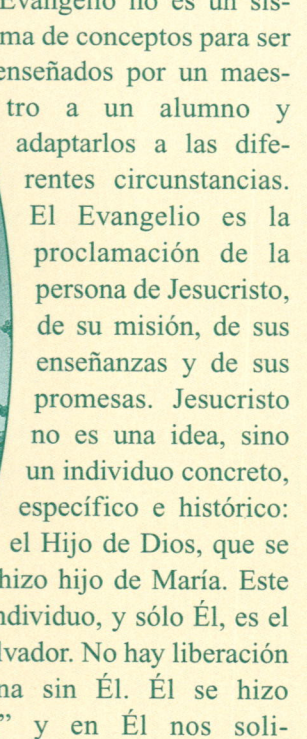

El Evangelio no es un sistema de conceptos para ser enseñados por un maestro a un alumno y adaptarlos a las diferentes circunstancias. El Evangelio es la proclamación de la persona de Jesucristo, de su misión, de sus enseñanzas y de sus promesas. Jesucristo no es una idea, sino un individuo concreto, específico e histórico: el Hijo de Dios, que se hizo hijo de María. Este individuo, y sólo Él, es el Salvador. No hay liberación alguna sin Él. Él se hizo "pobre" y en Él nos solidarizamos con el pobre. Él es el Redentor, la Segunda Persona de la Santísma Trinidad, en quien todos estamos predestinados a alcanzar la perfección como personas humanas por la fe y la incorporación sacramental en su muerte y resurrección salvadoras. Sin esta proclamación de Jesucristo y sin su culto de adoración mediante la fe y los sacramentos no hay una verdadera evangelización.[18]

Por lo tanto, queremos enfatizar la importancia del compromiso de los participantes en la Convocación '95 para la renovación de nuestra "pastoral litúrgica, sacramental y catequética",[19] para la promoción de vocaciones a los ministerios sacramentales del sacerdocio y del diaconado así como a las vocaciones laicas y religiosas. Especialmente, aceptamos el compromiso para un adecuado proceso de formación doctrinal y pastoral basado en la Sagrada Escritura y en el nuevo *Catecismo de la Iglesia Católica*, así como la insistencia en la necesidad de la oración y de las expresiones populares de nuestras creencias religiosas.

TESTIGOS DE ESPERANZA

La vida litúrgica, sacramental y catequética de la Iglesia tienen como fin llevarnos a una relación personal con Jesucristo. Por medio de esta unión con Él, experimentamos el poder del amor de Dios, que es más fuerte que el poder del pecado y de la muerte. Experimentamos la redención de nuestra historia personal y colectiva por medio de un amor más grande que toda la maldad del mundo. Este amor nos muestra lo horrendo que es el pecado, al mismo tiempo que nos despierta a la realidad de la redención y de la verdadera libertad. Así pues, despierta una esperanza "que no espera en vano".[20] La evangelización es la proclamación de esta esperanza enraizada en Jesucristo y que nos compromete a luchar en contra del poder del pecado en nuestras vidas. Es esta esperanza, y no un sueño utópico, la que sostiene nuestra lucha por la liberación y la justicia en el mundo, nuestra opción preferencial por los pobres.

involves a stand with respect to life in this world in all its dimensions. Through faith and the sacraments, we enter into the relationship between Jesus Christ and the Father. We acquire a vision of reality and an experience of nature, others, and God consistent with this relationship made possible by the gift of the Spirit of God. This vision and this experience define an outlook or *stand* with respect to reality that is oriented towards the consummation of God's plan for creation at the end of time. Thus we begin to live now, on this earth, the life of the kingdom of God which will be fully manifested at the end of time. It is this outlook or stand that is expressed culturally through social structures, especially those pertaining to work and leisure. The Statement of Commitment issued by Convocation '95 expresses it this way: "We shall seek ways to show that our efforts on behalf of social justice are the result of our faith in Jesus Christ, the Lord, the center of history and the universe. In the truth about Jesus Christ, true God and true Man, we discover what the human person is in all its dimensions: individual, social, material, and spiritual."[17]

The Gospel is not a system of concepts to be taught by a teacher to a pupil and adapted to different circumstances. The Gospel is the proclamation of the Person of Jesus Christ, of his mission, teachings, and promises. Jesus Christ is not an idea, but a concrete, specific, historical individual: the Son of God who became the Son of Mary. This individual, and he alone, is the Savior. There is no liberation of any kind without him. He became the "Poor One" in whom we experience solidarity with the poor. He is the Redeemer, the Second Person of the Holy Trinity in whom all were predestined to reach their fulfillment as human persons by faith and the sacramental incorporation into his saving death and resurrection. Without this proclamation of Jesus Christ and his worship through faith and the sacraments there is no true evangelization.[18]

Therefore, we wish to emphasize the importance of the commitment of the participants of Convocation '95 to the renewal of our "liturgical, sacramental, and catechetical life,"[19] to the promotion of vocations to the sacramental ministries of priesthood and diaconate, as well as to lay and religious vocations. We especially welcome the commitment to an adequate doctrinal and pastoral formation process based on Sacred Scripture and the new *Catechism of the Catholic Church*, as well as its insistence on the need for prayer and the popular expression of our religious beliefs.

WITNESS TO HOPE

The liturgical, sacramental, and catechetical life of the Church aims at introducing us into a personal relationship with Jesus Christ. Through this union with him, we experience the power of God's love, which is stronger than the power of sin and death. We experience the redemption of our personal and collective history by a love greater than all the evil in the world. This love conveys to us an experience of the horror of sin precisely as it awakens us to the reality of redemption and true freedom. Thus it gives rise to a hope which "will not leave us disappointed."[20] Evangelization is the proclamation of this hope rooted in Jesus Christ and committing us to the struggle against the power of sin in our lives. It is this hope, and not a utopian dream, that sustains our struggle for liberation and justice in the world, our preferential option for the poor.

The Church is the people of God formed by the Holy Spirit into the body of Christ. The Church is the place of *communio* or interpersonal communion of faith and love with the Lord and among believers. The life of the

> *Evangelization is the proclamation of this hope rooted in Jesus Christ and committing us to the struggle against the power of sin in our lives. It is this hope, and not a utopian dream, that sustains our struggle for liberation and justice in the world, our preferential option for the poor.*

La Iglesia es el pueblo de Dios formado por el Espíritu Santo dentro del cuerpo de Cristo. La Iglesia es el lugar de *communio* o de la comunión interpersonal de fe y de amor con el Señor y entre los creyentes. La vida de la Iglesia es la proclamación, el comienzo y anticipación del Reino de Dios. La Iglesia evangeliza cuando sus miembros proclaman la palabra de Dios, catequizan, dan culto en la liturgia, sirven las necesidades de los demás y dan testimonio de su fe a través de la vida que viven. *El impacto de la fe en las culturas, tal como la opción preferencial por los pobres, debe ser entendido como consequencia de este estilo de vida.*

> *La nueva evangelización requiere la promoción de una cultura de la vida basada en el Evangelio de la vida.*

la Iglesia dé refugio y sustento para un crecimiento continuo a aquellos que son rescatados de la soledad de la vida moderna. Requiere la promoción de una cultura de la vida basada en el Evangelio de la vida.

LA CULTURA DE LA VIDA

De aquí la importancia del compromiso a una Nueva Evangelización en nuestro país de los participantes en la Convocación '95 para defender "el valor de cada vida humana desde el primer momento de su concepción hasta la muerte natural".[23] La lucha contra el aborto y la eutanasia es una parte integral de la Nueva Evangelización, así como la lucha contra la pena de muerte, el control de la

LA CULTURA DE LA MUERTE

En nuestro país, la mentalidad tecnológica moderna y funcional, crea un mundo de individuos reemplazables e incapaces de una auténtica solidaridad. En su lugar, la sociedad está formada por convenios artificiales creados por intereses poderosos. El terreno común es un creciente conformismo consumista, opaco y estéril, que se ve especialmente entre muchos de nuestros jóvenes, creado por necesidades artificiales promovidas por los medios de comunicación para apoyar los poderosos intereses económicos. El Papa Juan Pablo II ha llamado a esto la "cultura de la muerte". En palabras del Santo Padre esta cultura "está activamente promovida por fuertes corrientes culturales, económicas y políticas portadoras de una concepción de la sociedad basada en la eficiencia La vida que exigiría más acogida, amor y cuidado es tenida por inútil, o considerada como un peso insoportable y, por tanto, despreciada de muchos modos...."[21] En dicha cultura, "la sociedad se convierte en un conjunto de individuos colocados unos junto a otros, pero sin vínculos recíprocos."[22] La nueva evangelización, por lo tanto, requiere que

natalidad, las drogas y el tráfico de armas. Nuestra defensa de la vida requiere "solidaridad con todos aquellos que defienden a las víctimas de la cultura de la muerte en nuestro país, superando toda hostilidad racial o étnica, tratando de ser verdadero fermento de unidad, y luchando contra el racismo y la discriminación que niega acceso a los recursos necesarios para salir de la pobreza en la cual se encuentra inmersa todavía gran parte de la población hispana".[24]

Church is the proclamation, beginning, and anticipation of the kingdom of God. The Church evangelizes when its members proclaim the word of God, catechize, worship in the liturgy, serve the need of others, and give witness to their faith by the lives they lead. *The impact of faith on cultures, such as the preferential option for the poor, must be understood as the consequence of this way of life.*

THE CULTURE OF DEATH

In our country, the modern technological, functional mentality creates a world of replaceable individuals incapable of authentic solidarity. In its place, society is grouped by artificial arrangements created by powerful interests. The common ground is an increasingly dull, sterile, consumer conformism—visible especially among so many of our young people—created by artificial needs promoted by the media to support powerful economic interests. Pope John Paul II has called this a "culture of death." In the Holy Father's words, "this culture is actively fostered by powerful cultural, economic, and political currents which encourage an idea of society excessively concerned with efficiency. . . . A life which would require greater acceptance, love, and care is considered useless, or held to be an intolerable burden, and is therefore rejected in one way or another. . . ."[21] In such a culture, "society becomes a mass of individuals placed side by side, but without any mutual bonds."[22] The New Evangelization, therefore, requires the Church to provide refuge and sustenance for ongoing growth to those rescued from the loneliness of modern life. It requires the promotion of a culture of life based on the Gospel of life.

THE CULTURE OF LIFE

Hence the importance for the New Evangelization in our country of the commitment by the participants in Convocation '95 to "defend the value of each human life from the first moment of conception to natural death."[23] The struggle against abortion and euthanasia is an integral part of the New Evangelization, as well as the struggle against capital punishment, contraception, drugs, and the arms trade. Our defense of life requires "solidarity with all who defend the victims of the culture of death in our country, overcoming all racial or ethnic hostility, seeking to be an authentic leaven of unity, and struggling against racism and discrimination which denies access to the necessary resources to escape the poverty in which a large part of our Hispanic population is still immersed."[24]

Specifically, the Statement of Commitment calls for the recognition of the "right to a dignified work, a just salary, decent housing, an education that respects our cultural origins, and the access to health care programs worthy of the value of each human being, regardless of age."[25] Convocation '95 also identified as particularly urgent the defense of the family, the promotion of the dignity of women, and the care of the elderly and the terminally ill. Of particular importance to our Hispanic brothers and sisters is the need to reject immigration policies destructive of families, seeking instead immigration policies free from all racist motivations and selfish fears. In the same spirit, we have frequently denounced the unjust treatment of migrant agricultural workers.

> *Of particular importance to our Hispanic brothers and sisters is the need to reject immigration policies destructive of families, seeking instead immigration policies free from all racist motivations and selfish fears.*

To say all of this is not to reduce evangelization and the mission of the Church to the improvement of life in this world.[26] *Evangelii Nuntiandi* insists on the profound link between the invitation to faith in Christ and

Específicamente, la Declaración de Compromiso llama a reconocer el "derecho a un trabajo digno, a un salario justo, a una vivienda decente, a una educación que respete nuestros orígenes culturales y el acceso a programas de cuidado de la salud dignos del valor de cada ser humano, cualquiera sea su edad".[25] La Convocación '95 también identificó como particularmente urgentes la defensa de la familia, la promoción de la dignidad de la mujer y el cuidado de los ancianos y de los enfermos desahuciados. De importancia particular para nuestros hermanos y hermanas hispanos es la necesidad de rechazar las políticas de inmigración que destruyen a las familias, para buscar en cambio, políticas de inmigración libres de toda motivación racista y de miedos egoístas. Con este mismo espíritu, hemos denunciado frecuentemente el trato injusto a los trabajadores agrícolas migrantes.

Declarar todo lo anteriormente expuesto no es reducir la evangelización y la misión de la Iglesia al mejoramiento de la vida en este mundo.[26] *Evangelii Nuntiandi* insiste en la profunda unión entre la invitación a la fe en Cristo y la promoción de la justicia social. Esta unión es parte del verdadero misterio de fe proclamado a través de la evangelización. Está basada en la relación entre la creación y la redención.[27] En *Redemptoris Missio*, Juan Pablo II confirma esta doctrina y la extiende en término de la *misión profética* de la Iglesia al servicio de los pobres.[28] El Santo Padre habla de la solidaridad de la Iglesia con los pobres como un signo de redención. La Iglesia, dice, es la Iglesia de los pobres.[29] El Santo Padre se refiere específicamente al ejemplo de la Iglesia en Latinoamérica, en donde la opción preferencial por los pobres ha sido reconocida como parte integral de la misión de la Iglesia. En efecto, es esta una de las grandes lecciones centrales a la experiencia de la Iglesia en América Latina, como se expresa en las declaraciones de Medellín y Puebla, y ratificadas en Santo Domingo. Acogemos la importancia dada a este aspecto por nuestros católicos hispanos en la Declaración de Compromiso de la Convocación '95. Vemos esto como un ejemplo de cómo los católicos hispanos son un "puente lógico entre la Iglesia en Estados Unidos y la Iglesia en América Latina",[30] como lo afirma la Declaración de Compromiso.

LA BENDICIÓN DE LA PRESENCIA HISPANA

Junto con el Santo Padre, reconocemos la presencia hispana en nuestra Iglesia como una bendición, como una oportunidad privilegiada para trabajar por una cultura que refleja la verdad acerca de la persona humana revelada en la verdad acerca de Jesucristo. Como escribió el Papa Juan Pablo II a la Convocación '95: "Desde los albores de la evangelización en el Nuevo Mundo, el nombre de Jesucristo y el poder liberador del Evangelio han tomado raíz entre los pueblos de habla castellana en las Américas. La prédica y el testimonio evangélico de los primeros misioneros dieron fruto en vidas de santidad y en el brote de una nueva cultura marcada por una fe profunda y unos valores cristianos auténticos. Hoy, esta herencia viviente continúa siendo una fuente de enriquecimiento para la Iglesia en Estados Unidos, mientra enfrenta el desafío de proclamar la Buena Nueva de nuestra salvación y

the promotion of social justice. The link between them is part of the very mystery of faith being proclaimed through evangelization. It is rooted in the relation between creation and redemption.[27] In *Redemptoris Missio*, John Paul II confirms this teaching and expands it in terms of the *prophetic mission* of the Church at the service of the poor.[28] The Holy Father talks of the Church's solidarity with the poor as a sign of redemption. The Church, he says, is the Church of the poor.[29] The Holy Father refers specifically to the example of the Church in Latin America, where the preferential option for the poor has been recognized as an integral part of the Church's mission. Indeed, this is one of the great insights central to the Latin American ecclesial experience, as articulated in the great declarations of Medellin and Puebla and reaffirmed in Santo Domingo. We welcome the importance given to it by our Hispanic Catholics in the Statement of Commitment of Convocation '95. We see this as an example of how Hispanic Catholics are a "logical bridge between the Church in the United States and the Church in Latin America,"[30] as the Statement of Commitment declares.

THE BLESSING OF THE HISPANIC PRESENCE

With the Holy Father, we recognize the Hispanic presence in our Church as a blessing, a privileged opportunity to work for a culture that reflects the truth about the human person revealed in the truth about Jesus Christ. As Pope John Paul II wrote to Convocation '95, "From the dawn of evangelization in the New World, the name of Jesus Christ and the liberating power of the Gospel have taken root among the Spanish-speaking peoples of the Americas. The preaching and evangelical witness of the first missionaries bore fruit in lives of holiness and in the growth of a new culture marked by deep faith and authentic Christian values. Today this living heritage continues to be a source of enrichment for the Church in the United States as it faces the challenge of proclaiming the Good News of our salvation and of building up the Body of Christ in the context of an ethnically diverse society."[31]

In our pastoral letter *The Hispanic Presence, Challenge and Commitment,* published in 1983, and in the *National Pastoral Plan for Hispanic Ministry* of 1987, we have already highlighted the Hispanic contribution to the life of the Church in the United States. The fact is that *the future of the Church in the United States will be greatly affected by what happens to Hispanic Catholics,* who constitute a large percentage of its members. The contribution of Hispanic Catholics in the United States to the New Evangelization and the future of our Church will depend on the Church's presence in the Hispanic community.

> *The participants ask the Church that its programs of education and religious formation in schools, universities, institutes, and seminaries reflect the true significance of the Hispanic presence.*

When we speak of the Hispanic presence, it is important to realize we are speaking about a complex, varied, and dynamic reality. The Statement of Commitment of Convocation '95 correctly underlines "the importance of a Hispanic presence in the communications media, in order to present an adequate image of the reality of our communities, their real needs, and their contributions to the life of the Church and society."[32] The participants ask the Church that its programs of education and religious formation in schools, universities, institutes, and seminaries reflect the true significance of the Hispanic presence.

In a way, a new Hispanic-American identity is still in the process of being forged in the United States as people from different Latin American cultures come together, discover what they have in common, and interrelate with the dominant North American culture. This new Hispanic-American identity will take

de edificar el Cuerpo de Cristo en el contexto de una sociedad étnicamente diversa".[31]

En nuestra carta pastoral *La Presencia Hispana: Esperanza y Compromiso*, publicada en 1983 y en el *Plan Pastoral Nacional para el Ministerio Hispano*, de 1987, ya hemos resaltado la contribución hispana a la vida de la Iglesia en Estados Unidos. Es un hecho que *el futuro de la Iglesia en Estados Unidos se verá afectado grandemente por lo que suceda a los católicos hispanos*, quienes constituyen un gran porcentaje de sus miembros. La contribución de los católicos hispanos en Estados Unidos a la Nueva Evangelización y al futuro de la Iglesia, dependerá de la presencia de la Iglesia en la comunidad hispana.

Cuando hablamos de la presencia hispana, es importante entender que estamos hablando de una realidad compleja, variada y dinámica. La Declaración de Compromiso de la Convocación '95 correctamente subraya "la importancia de la presencia hispana en los medios de comunicación social para que se presenten imágenes adecuadas de la realidad de nuestras comunidades, sus verdaderas necesidades y sus contribuciones a la vida de la Iglesia y la sociedad".[32] Los participantes solicitaron a la Iglesia que los programas de educación y formación religiosa en escuelas, universidades, institutos y seminarios, refleje el verdadero significado de la presencia hispana.

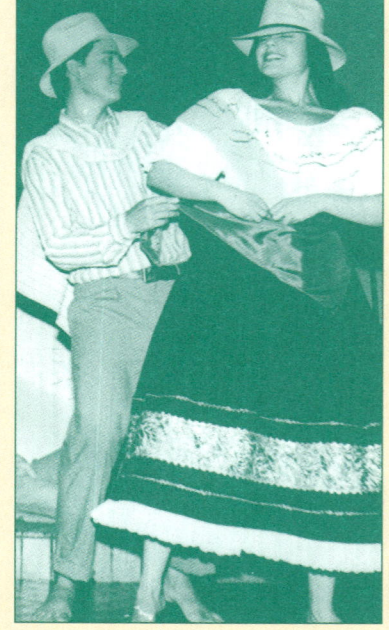

En cierto sentido, una nueva identidad hispano-americana está aún en proceso de ser forjada en los Estados Unidos, ya que gente de diferentes culturas latinoamericanas se reúnen, descubren lo que tienen en común y se relacionan con la cultura norteamericana dominante. Esta nueva identidad hispano-americana tomará su lugar junto a todas las otras expresiones de la identidad hispana, teniendo todas un origen común.

La mayoría de los hispanos ha nacido aquí y sus antepasados han estado en nuestro país desde mucho tiempo atrás, algunos incluyendo muchas generaciones. La Convocación '95 proporcionó a los participantes la oportunidad de reflexionar sobre los orígenes de la presencia hispana en nuestra tierra desde mucho antes del establecimiento de las trece colonias inglesas. Hoy, la gran mayoría de los hispanos está comprometida con la misma lucha que todos los grupos anteriores de inmigrantes, principalmente en el cuidado de la familia, del trabajo, de la salud y de la educación. Obviamente, sus necesidades son diferentes a las de aquellos que recién se establecen. Se hace necesario responder de formas diferentes a sus diferentes necesidades. En este sentido, estamos de acuerdo con la necesidad de buscar "las maneras para que los hispanos que han logrado éxito en la sociedad contribuyan con sus talentos para que nuestra experiencia de fe inculturada asista a la Iglesia en la evangelización del mundo profesional".[33]

La experiencia de vivir en los Estados Unidos está ayudando a las personas de ascendencia latinoamericana a reconocer aquello que tienen en común. Como manifiesta la Declaración de Compromiso: los hispanos son "el fruto de una inculturación de la fe católica que constituye la base de nuestra identidad hispana".[34] Esta inculturación de la fe ha creado actitudes similares acerca de la vida personal y social que une a los hispanos, a pesar de sus diferencias.

Las culturas hispanas tradicionales conservan muchas experiencias de la persona, de la naturaleza, de los demás y de Dios que caracterizan esta inculturación de la fe. Nos referimos a las actitudes comunes como un espíritu abierto; una disposición abierta a lo inesperado, a lo nuevo o a lo no planeado; a la sencillez; un reconocimiento que la necesidad de compañía y apoyo no es debilidad sino

its place next to all the other expressions of the Hispanic identity, all having a common origin.

The majority of Hispanic people were born here, and their ancestors have been in our country for a long time, some including many generations. Convocation '95 provided the participants with the opportunity to reflect on the origins of the Hispanic presence in our land long before the settlement of the first thirteen English colonies. Today the vast majority of Hispanics are engaged in a struggle similar to that of all previous American immigrant groups, namely, care for the family, work, health, and education. Their needs are obviously different from the needs of those recently arrived. Different responses to different needs are required. In this regard, we agree with the need to "search for ways in which Hispanics who have achieved success in society will contribute with their talents so that [their] experience of faith and culture will assist the Church in the evangelization of the professional world."[33]

The experience of living in the United States is bringing the people of Latin American descent to recognize what they have in common. As the Statement of Commitment says: Hispanics are "the fruit of an inculturation of the Catholic faith which constitutes the basis of our Hispanic identity."[34] This inculturation of the faith has generated similar attitudes about personal and social life that unite Hispanics despite their differences.

Traditional Hispanic cultures preserve many experiences of self, nature, others, and God, which characterize this inculturation of the faith. We have in mind similar attitudes such as openness of spirit; a welcom-

una parte necesaria del crecimiento personal; una fidelidad creativa y una determinación de cumplir las promesas hechas; un sentido de honor y respeto hacia sí mismo y hacia los demás; una paciencia y aceptación de seguir el ritmo de la naturaleza; un sentido de caminar juntos hacia un destino común; una verdadera imaginación creativa capaz de elevarse sobre las apariencias inmediatas para alcanzar el meollo íntimo de la realidad; un amor por el hogar y por la tierra y una visión amplia de la familia; una confianza en la Providencia divina; una convicción de que lo que es bueno y correcto es más digno de sacrificio que las satisfacciones inmediatas, que las personas son más importantes que las cosas, que las relaciones personales son más satisfactorias que el éxito material y que la serenidad tiene más valor que la vida en constante actividad. Todo esto se combina con una alegre resignación nacida de la convicción de que la vida es más importante que cualquier frustración temporal. Estas actitudes semejantes, características del "ethos" hispano, son el fruto de la inculturación de la fe católica mediante el extraordinario encuentro con la espiritualidad ibérica, la nativo-americana y la africana ocurrida en los inicios de la historia de los hispanos. *Históricamente, el ethos hispano es inseparable de la fe católica. En realidad, a veces el miedo y la oposición a la presencia hispana están motivados más por un sentimiento anti-católico que por cualquier otro cosa.*

¡Desde luego que los hispanos no son el único pueblo que posee estas cualidades! Estos atributos pertenecen a todos aquellos que son auténticamente humanos. Aún más, como con todo lo que es humano, estas actitudes pueden ser corrompidas por el pecado y pueden ocultar la realidad del prejuicio y del egoísmo. Sin embargo, con el Santo Padre, estamos convencidos de que la presencia en nuestra Iglesia de una gran cantidad de hispanos puede ser entendida espiritualmente como una *oportunidad providencial* para todos nosotros de redescubrir las cualidades necesarias para nuestro servicio a la sociedad en el nombre del Evangelio de liberación de Jesucristo. Estas cualidades no son sólo estereotipos folklóricos. Detrás de ellas, existe una actitud decisiva y valiente, originada en la fe católica y mantenida en medio de las vicisitudes de lo que muchas veces es una vida dura y difícil.

<u>PRESENCIA PROFÉTICA</u>

En nuestra carta pastoral sobre la Presencia Hispana y en el Plan Pastoral Nacional para el Ministerio Hispano, nos referimos a la presencia hispana como *profética*. Esta presencia profética se debe, sobre todo, a aquellos aspectos del ethos hispano que surgen de sus orígenes católicos. Como profética, creemos que la presencia hispana le da a la Iglesia en nuestro país la oportunidad de recordar su misión de preservar y promover una identidad católica en medio de una cultura muchas veces hostil.

Durante casi toda su historia, la Iglesia Católica en los Estados Unidos ha tratado de convencer a la sociedad norteamericana del patriotismo del pueblo católico y de su adherencia a las "verdades fundamentales evidentes" mencionadas en nuestra Declaración de la Independencia. Aunque sigue habiendo anticatolicismo en nuestro país, el esfuerzo realizado ha alcanzado cierto éxito, especialmente después de la Declaración sobre la Libertad Religiosa del Concilio Vaticano II. Sin embargo, en la actualidad, la influencia del secularismo ha suscitado un debate sobre la interpretación correcta de los principios fundacionales americanos.

> *Como profética, creemos que la presencia hispana le da a la Iglesia en nuestro país la oportunidad de recordar su misión de preservar y promover una identidad católica en medio de una cultura muchas veces hostil.*

ing disposition to what is unexpected, new, and unplanned; simplicity; a recognition that a need for companionship and support is not a weakness, but a necessary part of personal growth; creative fidelity and determination to honor promises given; a sense of honor and respect for self and others; patience and willingness to follow the rhythms of nature; a sense of walking together toward a common destiny; a truly creative imagination capable of rising above immediate appearances in order to reach the inner core of reality; a love for home, land, and an extended view of family; a trust in divine providence; and an awareness that what is proper and right is more worthy of sacrifice than immediate satisfaction, that persons are more important than things, personal relations more fulfilling than material success, and serenity more valuable than life in the fast lane. All of this is combined with a joyful resignation born of the awareness that life is greater than any temporary frustration. These similar attitudes, characteristic of an Hispanic *ethos*, are the fruit of the inculturation of the Catholic faith through the tremendous encounter with Iberian, Native American, and African spiritualities at the origin of the history of Hispanics. *The Hispanic ethos is historically inseparable from the Catholic faith. Indeed, sometimes fear and opposition to the Hispanic presence is motivated more by anti-Catholicism than by anything else.*

Of course Hispanics are not the only people who possess these qualities! These are truly attributes of all who are authentically human. Moreover, as with all that is human, these attitudes can also be corrupted by sin and can hide the reality of prejudice and selfishness. Still, with the Holy Father we are convinced that the presence in our Church of such large numbers of Hispanics can be understood spiritually as a *providential opportunity* for all of us to rediscover

> *In order to participate in the current debate and assist our country to be faithful to the truths and values upon which it claims to be founded, it is necessary for us as Catholics to appreciate the relationship between faith and culture.*

qualities necessary for our service to society in the name of the liberating Gospel of Jesus Christ. These qualities are not merely folkloric stereotypes. Behind them lies a definite, courageous stand originating in the Catholic faith and sustained throughout the vicissitudes of what is often a very harsh and difficult life.

PROPHETIC PRESENCE

In our pastoral letter on the Hispanic presence and in the *National Pastoral Plan for Hispanic Ministry*, we referred to the Hispanic presence as *prophetic*. This prophetic presence is due above all to those aspects of the Hispanic ethos arising from its Catholic origins. As prophetic, we believe that the Hispanic presence provides the Church in our country an opportunity to recall its mission to preserve and foster a Catholic identity in the midst of an often hostile culture.

For most of its history, the Catholic Church in the United States sought to convince American society of the patriotism of the Catholic people and their adherence to the fundamental and "self-evident truths" mentioned in our Declaration of Independence. Although anti-Catholicism still remains in our country, much of this effort achieved some success, especially after the Second Vatican Council's Declaration on Religious Liberty. At the present time, however, the influence of secularism has led to a debate about the proper interpretation of the American founding principles. Some of the interpretations being proposed—and even adopted in judicial decisions—are absolutely incompatible with our faith. In order to participate in the current debate and assist our country to be faithful to the truths and values upon which it claims to be founded, it is necessary for us as Catholics to appreciate the relationship between faith and culture. The Hispanic presence is prophetic because it is the bearer

Algunas de las interpretaciones que se han propuesto, y que se han adoptado aun en decisiones judiciales, son absolutamente incompatibles con nuestra fe. Para poder participar en el debate actual y ayudar a nuestro país a ser fiel a las verdades y valores sobre los cuales se dice que ha sido fundado, es necesario para nosotros, como católicos, apreciar la relación entre la fe y la cultura. La presencia hispana es profética ya que es la portadora de tradiciones que fluyen de una auténtica inculturación de la fe católica.[35] Nuestros esfuerzos por ayudar a los hispanos a que perseveren y crezcan en la fe, nos pondrá en una posición adecuada para entender mejor aquellas corrientes de pensamiento y de experiencia práctica en nuestra sociedad que minan la fe de todos los católicos.

La Iglesia en los Estados Unidos empezó como una iglesia de inmigrantes pobres que lucharon contra la discriminación para poder participar en el sueño americano. No obstante, muchas veces el anticatolicismo los excluyó de su participación en la sociedad. Irónicamente, en nombre de la libertad, la libertad les fue negada; en nombre de la tolerancia, la tolerancia les fue negada y las puertas les fueron cerradas. *Nosotros creemos que nuevamente ésta, más y más, es la situación actual,* extendiéndose aún más allá del catolicismo a todas las expresiones de la fe bíblica que difieren del ethos secularista que busca el dominio cultural en nuestra sociedad.

En el pasado, la Iglesia Católica creó un lugar dentro de la sociedad americana donde el pueblo católico podría ser alimentado y ayudado en la fe al mismo tiempo que se cuidaría de sus necesidades. Esto estuvo acompañado por un esfuerzo implacable para demostrar que los católicos estaban tan totalmente comprometidos a la libertad, al pluralismo y a la democracia como cualquier otra persona en el país. Como resultado de este esfuerzo, la mayoría de nuestros inmigrantes católicos fueron asimilados dentro de la corriente principal en los Estados Unidos. Esto fue posible gracias al compromiso del pueblo norteamericano con los derechos de la persona humana basados en la dignidad intransferible de cada ser humano creado por Dios. Desde luego, hubo diferencias de opinión en relación a esos derechos, su origen y significado final, pero fue posible llegar a un entendimiento común sobre esto basado en las experiencias bíblicas de la vida de los judíos y los cristianos y en la gran tradición sobre la ley natural entendida por todos los seres humanos, sin importar sus diferentes creencias con respecto a religión.

En la presente crisis cultural, este entendimiento común no es siempre posible. Los conceptos cruciales y claves sobre los cuales se basa la discusión son los mismos—conceptos tales como los derechos, las personas, la justicia, la libertad y la felicidad—pero las experiencias que se derivan de estos conceptos no pueden asumirse que son las mismas para todos. Desde luego, debemos continuar el diálogo sobre el cual depende nuestro futuro como nación, buscándolo con serenidad y con respeto para todos, pero siempre debemos tratar de entender las experiencias en la raíz de los conceptos que se discuten. Más importante todavía, debemos *recuperar la dimensión cultural de las experiencias en la raíz de la vida católica.* Es éste un aspecto crucial en la Nueva Evangelización, y la gran presencia hispana en medio de nosotros constituye un recurso providencial en esta tarea. Es por esto que hemos afirmado que *la contribución más importante de los católicos hispanos a la Nueva Evangelización en nuestro país radica en el área de la fe y la cultura.*

ADVERTENCIA PROFÉTICA

La presencia hispana es también una advertencia profética para la Iglesia en los Estados Unidos. Si a los católicos hispanos no se les recibe calurosamente y no se les ofrece un hogar donde puedan sentir nuestra Iglesia como su Iglesia, la pérdida de su identidad católica será un grave golpe a la Iglesia en nuestro país. Habremos perdido una oportunidad

of traditions flowing from an authentic inculturation of the Catholic faith.[35] Our efforts to help Hispanics preserve and grow in their faith will put us in a position to better understand those currents of thought and practice in our society that undermine the faith of all Catholics.

The Church in the United States began as a Church of poor immigrants who struggled against discrimination in order to obtain their share of the American dream. Yet many times anti-Catholicism excluded them from participation in society. Ironically, in the name of freedom, freedom was denied; in the name of tolerance, tolerance was denied and doors were closed. *We believe this is again increasingly the case,* going even beyond Catholicism to all expressions of biblical faith different from the secularist ethos seeking cultural dominance in our society.

In the past, the Catholic Church created a space within American society where the Catholic people could be nourished and supported in the faith while being cared for in their needs. This was accompanied by a relentless effort to show that Catholics were as fully committed to freedom, pluralism, and democracy as anyone else in the country. As a result of this effort, most of our Catholic immigrants were assimilated into the American mainstream. This was possible because of the commitment of the American people to the rights of the human person based on the unsurpassable dignity of each human being created by God. Of course there were differences of opinion concerning those rights and their ultimate origin and meaning, but a common discourse about this was possible, based on the biblical Jewish and Christian experiences of life and on the great tradition about a natural law grasped by all human beings, regardless of their different beliefs concerning religion.

In the present cultural crisis, this common discourse is not always possible. The crucial and key concepts upon which this discussion was based are the same—concepts such as rights, persons, justice, liberty, and happiness—but the experiences to which these concepts point can no longer be assumed to be the same for all. Of course we must continue the dialogue upon which our future as one nation depends, pursued serenely and with respect for all, but we must always try to understand the experiences at the roots of the concepts being debated. Most important of all, we must *retrieve the cultural dimension of the experiences at the root of Catholic life*. This is a crucial part of the New Evangelization, and the large Hispanic presence in our midst constitutes for us a providential resource for this task. That is why we have stated that *the most important contribution of Hispanic Catholics to the New Evangelization in our country lies in the area of faith and culture.*

PROPHETIC WARNING

The Hispanic presence is also a prophetic warning to the Church in the United States. For if Hispanic Catholics are not welcomed warmly and offered a home where they can experience our Church as their Church, the resulting loss of their Catholic identity will be a serious blow to the Church in our country. We will have missed an opportunity to be truly Catholic while the culture of death, prevalent in our society, seeks to impose its way on us all.

As the call for a New Evangelization in Latin America demonstrates, we cannot take for granted the Catholic faith of Hispanic Catholics. Hispanics do not consider themselves a chosen people protected in any special way from infidelity to the Gospel. Nor do they present themselves as living exemplars of faith. To pretend to do so is an intolerable and dangerous romanticism. A disposition to the faith is not itself faith; a strong religiosity is not identical to the ecclesial-sacramental life in Christ; appreciation of the values of personalism, family, and community are not enough for a moral life in Christ. The devastation of Hispanic families by

de ser verdaderamente católicos mientras esa cultura de la muerte, prevaleciente en nuestra sociedad, busca imponer sus costumbres en todos nosotros.

Así como lo demuestra la llamada a una Nueva Evangelización en Latinoamérica, no podemos dar por hecho la fe católica de los católicos hispanos. Los hispanos no se consideran un pueblo escogido y protegido de un modo especial de infidelidad al Evangelio. Ni tampoco se presentan como ejemplos vivos de fe. Pretender ser así sería un romanticismo intolerable y peligroso. La disposición hacia la fe no es la fe en sí; una fuerte religiosidad no es idéntica a la vida eclesialsacramental en Cristo; la apreciación de los valores personales, de la familia y la comunidad no son suficientes para una vida moral en Cristo. La devastación de familias hispanas debido a las drogas, al alcohol y al libertinaje está bien documentada. También lo está la difícil situación de muchas mujeres hispanas que son víctimas de actitudes machistas, profundamente arraigadas, tal y como nos lo recordaron insistentemente las mujeres presentes en la Convocación '95. Aunque el racismo, la pobreza, los ataques al inmigrante y la discriminación por prejuicios son todavía parte de la experiencia de muchos hispanos, estos vicios también se encuentran presentes en las comunidades hispanas. El compromiso a luchar contra estos males, abrazando una opción preferencial por los pobres es, asimismo, un compromiso de hispanos hacia otros hispanos.

Aún así, con todo, tenemos entre nosotros un precioso regalo traído por nuestros hermanos y hermanas hispanos: un sentido de lo sagrado, una sensibilidad profunda y especial por la belleza de la creación celebrada en forma festiva, un sentido de orgullo en *la hispanidad*, una habilidad de sentir profundas emociones de devoción por los demás, una gran delicadeza en el trato humano, y una sed de lo divino y lo trascendental manifestada en los poderosos símbolos católicos. Nosotros, junto con los participantes de la Convocación '95, creemos que la importancia de este "catolicismo cultural" no debe ser subestimada. Es realmente una bendición, y es bajo estas experiencias de fe hecha cultura que se debe basar la Nueva Evangelización en nuestro país.

LA ESTRELLA DE LA EVANGELIZACIÓN

A esta tarea nos encomendamos, una vez más, a la Reina de las Américas, Nuestra Señora de Guadalupe, mientras buscamos corresponder a la llamada a una Nueva Evangelización. Fue en el seno de María que el Verbo se hizo carne. El misterio de la encarnación es la base de nuestra creencia en el misterio de fe hecho cultura. El *Magnificat* de María es el cántico de nuestra opción preferencial de amor a los pobres. Ella es la mujer, perseguida por el dragón, en cuya compañía el pueblo de Dios, sus hijos, están protegidos de la cultura de la muerte. Es María la que evita que separemos a Nuestro Señor de la carne y lo convirtamos en una figura abstracta y remota. A través de ella, el Señor se hace presencia concreta y tangible redimiendo todos los aspectos de nuestra vida, nuestro compañero y la meta de nuestro peregrinaje hacia la manifestación definitiva del Reino de Dios. Al aceptar el compromiso de nuestros hermanos y hermanas de la Convocación '95, los encomendamos a ellos y a nosotros mismos a Santa María, la Estrella de toda Evangelización.

drugs, alcohol, and licentiousness is well documented. So is the plight of so many Hispanic women who are victims of deeply ingrained *machista* attitudes, as the women attending Convocation '95 strongly reminded us. Although racism, poverty, immigrant bashing, and prejudiced discrimination are still a fact of life for many Hispanics, these vices are present also in the Hispanic communities. The commitment to struggle against these ills by embracing a preferential option for the poor is a commitment by Hispanics to other Hispanics as well.

Yet through it all, there remains a precious gift in our midst brought to us by our Hispanic brothers and sisters: a sense of the sacred, a particular and deep sensitivity to the beauty of creation festively celebrated, a sense of pride in *la hispanidad*, a capacity for profound emotions of devotion to others, a great delicacy in human contacts, and a thirst for the transcendent and divine expressed in powerful Catholic symbols. We believe with the participants of Convocation '95 that the importance of this "cultural Catholicism" should not be underestimated. It is truly a blessing, and it is upon these experiences of a faith becoming culture that the New Evangelization in our country must be based.

THE STAR OF EVANGELIZATION

In this task we commend ourselves once again to the Queen of the Americas, Our Lady of Guadalupe, as we seek to respond to the call to a New Evangelization. It was in the womb of Mary that the Word became flesh. This mystery of the incarnation is the basis for our belief in the mystery of faith becoming culture. Mary's *Magnificat* is the canticle of our preferential option of love for the poor. She is the woman, pursued by the dragon, in whose companionship the people of God, her children, are protected from the culture of death. It is Mary who prevents us from detaching our Lord from the flesh and turning him into an abstract, remote figure. Through her, the Lord becomes a concrete, tangible presence redeeming all aspects of our life, our companion and the goal of our pilgrimage to the definitive manifestation of the kingdom of God. As we welcome the commitment of our brothers and sisters in Convocation '95, we commend them and ourselves to her, Santa Maria, the Star of all Evangelization.

NOTAS

1. En este documento, el término *hispano* se utiliza como sinónimo de latinoamericano, latino, méxico-americano, hispano-americano, chicano y las demás personas de habla castellana en los Estados Unidos.

2. "La Presencia Hispana: Esperanza y Compromiso", Washington, D.C.: United States Catholic Conference, 1984.

3. Declaración de Compromiso, Convocación '95, 25 de Junio de 1995.

4. Declaración de Compromiso, 9.

5. Carta del Arzobispo G. B. Re, 8 de mayo de 1995 al Obispo Roberto O. González, Presidente del Comité de Asuntos Hispanos de la Conferencia Episcopal, Prot. No. 370.479 (incluída en el Apéndice A).

6. Declaración de Compromiso, 3.

7. *Gaudium et Spes* (GS), 53.

8. Ibid., 57.

9. Cf. GS, nos. 55 y 57.

10. La Evangelización en el Presente y en el Futuro de América Latina. Bogotá: CELAM, 1979, no. 386.

11. Cf. *Gaudium et Spes*, 24.

12. Cf. AAS 75 (1983), pp. 771-779.

13. Congregación para la Doctrina de la Fe (CDF), *Instrucción sobre Ciertos Aspectos de la Teología de la Liberación*, VIII, 1-9.

14. Declaración de Compromiso, 4.

15. Ibid.

16. Ibid.

17. Ibid., 8.

18. Cf. Paulo VI, *Evangelii Nuntiandi*, 22, AAS 68 (1976).

19. Declaración de Compromiso, 8.

20. Cf. Rom. 5,5.

21. Cf. Juan Pablo II, *Evangelium Vitae*, 12.

22. Cf. ibid., 20.

23. Declaración de Compromiso, 5.

24. Ibid.

25. Ibid.

26. CDF, *Instrucción sobre Ciertos Aspectos de la Teología de la Liberación*, VI, 3.

27. CF, *Evangelii Nuntiandi*, no. 31.

28. Juan Pablo II, *Redemptoris Missio*, 43.

29. Ibid., 60.

30. Declaración de Compromiso, 10.

31. Cf. Apéndice A, Carta al Obispo Roberto O. González, op. cit.

32. Declaración de Compromiso, 6.

33. Ibid.

34. Ibid., 3.

35. *Ministerio Hispano: Tres Documentos Importantes*. Washington, D.C.: United States Catholic Conference, 1995.

NOTES

1. For this document, "Hispanic" is synonymous with Latin American, Latino, Mexican-American, Spanish-American, and Chicano; it includes all Spanish-speaking persons in the United States.

2. *The Hispanic Presence: Challenge and Commitment*. Washington, D.C.: United States Cathoic Conference, 1984.

3. Statement of Commitment, Convocation '95, June 25, 1995. Hereafter designated as "SOC."

4. SOC, 9.

5. Letter of May 8, 1995, from Archbishop G. B. Re to Bishop Roberto González, chairman, NCCB Committee on Hispanic Affairs, Prot. No. 370.479 (included as Appendix A to this statement).

6. SOC, 3.

7. *Gaudium et Spes* (GS), no. 53.

8. GS, no. 57.

9. Cf. GS, nos. 55 and 57.

10. *La Evangelización en el Presente y en el Futuro de América Latina*. Puebla: CELAM, 1979, no. 386.

11. Cf. GS, no. 24.

12. Cf. AAS 75 (1983), pp. 771-779.

13. Congregation for the Doctrine of the Faith. *Instruction on Certain Aspects of Liberation Theology*, VIII, nos. 1-9.

14. SOC, 4.

15. Ibid.

16. Ibid.

17. Ibid., 8.

18. Cf. Pope Paul VI, *Evangelii Nuntiandi*, no. 22; AAS 68 (1976).

19. SOC, 8.

20. Cf. Romans 5:5.

21. Cf. Pope John Paul II, *Evangelium Vitae,* no. 12.

22. Cf. ibid., no. 20.

23. SOC, 5.

24. Ibid.

25. Ibid.

26. Congregation for the Doctrine of the Faith. *Instruction on Certain Aspects of Liberation Theology*, VI, no. 3.

27. Cf. *Evangelii Nuntiandi*, no. 31

28. Pope John Paul II, *Redemptoris Missio*, no. 43.

29. Ibid., no. 60

30. SOC, 10.

31. Cf. Appendix A, Letter to Bishop Roberto González.

32. SOC, 6.

33. Ibid.

34. Ibid., 3.

35. *Hispanic Ministry: Three Major Documents*. Washington, D.C.: United States Catholic Conference, 1995.

Apéndices

A. Mensaje del Santo Padre

8 de mayo de 1995

Estimado Monseñor González,

El Santo Padre agradece profundamente que le informaran que el Comité de Asuntos Hispanos de la Conferencia Episcopal auspiciará, del 23 al 25 de junio de 1995, la Convocación '95, un programa de oración y reflexión, dedicado al tema: "La Presencia Hispana en la Nueva Evangelización en los Estados Unidos". Le pide encarecidamente hacer extensivos sus buenos deseos de éxito, a todos los ahí reunidos, por esta iniciativa pastoral tan significativa.

Su Santidad se une a los delegados de la Convocación en su agradecimiento a Dios Todopoderoso por las bendiciones abundantes conferidas a la Iglesia en los Estados Unidos, mediante la profunda fe y testimonio cristiano de generaciones de católicos hispanos. Desde los albores de la evangelización en el Nuevo Mundo, el nombre de Jesucristo y el poder liberador del Evangelio han tomado raíz entre los pueblos de habla castellana en las Américas. La prédica y el testimonio evangélico de los primeros misioneros dieron fruto en vidas de santidad y en el brote de una nueva cultura marcada por una fe profunda y unos valores cristianos auténticos. Hoy, esta herencia viviente continúa siendo una fuente de enriquecimiento para la Iglesia en los Estados Unidos, mientras enfrenta el desafío de proclamar la Buena Nueva de nuestra salvación y de edificar el Cuerpo de Cristo en el contexto de una sociedad étnicamente diversa.

El Santo Padre desea fervientemente que la Convocación de San Antonio, al conmemorar el quincuagésimo aniversario del primer esfuerzo por coordinar el apostolado hispano en los Estados Unidos, fomente un compromiso más profundo y consciente de parte de los católicos hispanos de dar un testimonio efectivo de su fe, de fortalecer el crecimiento de la Iglesia en amor y de servir a Cristo en los más pequeños de sus hermanos y hermanas. Basados en su rica historia y en su experiencia, la comunidad hispana puede ofrecer una contribución única al diálogo entre fe y cultura en la sociedad norteamericana actual, y de esta forma, abrir nuevos caminos para la propagación del Evangelio en el Tercer Milenio. Reconociendo la importancia que tiene la nueva generación para el futuro de la Iglesia en los Estados Unidos, Su Santidad anima a los delegados de la Conferencia a que tomen en consideración la apremiante necesidad de una catequesis efectiva, y que promuevan estructuras que permitan a los jóvenes a responder generosamente a la invitación de servir al Señor en el sacerdocio y en la vida religiosa.

Al final, el éxito de la nueva evangelización se medirá por la respuesta de todos los bautizados al llamado de Cristo a una conversión sincera, a una fe viviente y a una vida de santidad. A los delegados y a todos los reunidos en la Convocación, el Santo Padre les repite las palabras de desafío que dirigió a la comunidad hispana durante su visita pastoral a San Antonio en 1987: "Hoy les toca a ustedes, con fidelidad al Evangelio de Jesucristo, edificar sus vidas sobre la piedra de su fe cristiana. Les toca a ustedes ser evangelizadores de cada uno y de todos aquellos cuya fe es débil o de quienes todavía no se han entregado al Señor. ¡Sean tan entusiastas en la evangelización y en el servicio cristiano como lo fueron sus antepasados! (*Mensaje en la Plaza de Nuestra Señora de Guadalupe, 13 de setiembre de 1987*).

Con estos sentimientos, Su Santidad encomienda a todos los que toman parte en Convocación '95 a la intercesión amorosa de la Inmaculada Virgen María, Patrona de la Iglesia en los Estados Unidos, y les concede cordialmente su Bendición Apostólica como una promesa de gozo y fortaleza en Jesucristo, Nuestro Salvador.

Con mis mejores deseos personales, quedo,

Suyo en Cristo,

+ G. B. Re
Substituto

Appendices

A. Message from the Holy Father

May 8, 1995

Dear Bishop González,

The Holy Father was pleased to be informed that on June 23-25, 1995 the Committee on Hispanic Affairs of the National Conference of Catholic Bishops will sponsor *Convocation '95*, a program of prayer and reflection devoted to the theme: "The Hispanic Presence in the New Evangelization in the United States." He asks you kindly to convey to all assembled in San Antonio his prayerful good wishes for this significant pastoral initiative.

His Holiness joins the delegates to the Convocation in thanking Almighty God for the abundant blessings bestowed on the Church in the United States through the deep faith and Christian witness of generations of Hispanic Catholics. From the dawn of evangelization in the New World, the name of Jesus Christ and the liberating power of the Gospel have taken root among the Spanish-speaking peoples of the Americas. The preaching and evangelical witness of the first missionaries bore fruit in lives of holiness and in the growth of a new culture marked by deep faith and authentic Christian values. Today this living heritage continues to be a source of enrichment for the Church in the United States as it faces the challenge of proclaiming the Good News of our salvation and of building up the Body of Christ in the context of an ethnically diverse society.

It is the Holy Father's fervent hope that the San Antonio Convocation, by commemorating the fiftieth anniversary of the first nationwide effort to coordinate the Hispanic Apostolate in the United States, will foster a deeper and more conscious commitment by Hispanic Catholics to bearing effective witness to their faith, to strengthening the growth of the Church in love, and to serving Christ in the least of their brothers and sisters. By drawing on its rich history and experience, the Hispanic community can offer a unique contribution to the dialogue between faith and culture in American society today, and thus open new paths for the spread of the Gospel in the Third Millennium. Recognizing the importance of the younger generation for the future of the Church in the United States, His Holiness encourages the delegates to the Conference to consider the urgent need for an effective catechesis and to promote structures enabling young people to respond generously to the Lord's invitation to serve him in the Priesthood and Religious Life.

In the end, the success of the new evangelization will be measured by the response of all the baptized to Christ's call to sincere conversion, lively faith and holiness of life. To the delegates and all assembled at the Convocation the Holy Father repeats the challenging words he addressed to the Hispanic Community during his Pastoral Visit to San Antonio in 1987: "Today, it is your turn, in fidelity to the Gospel of Jesus Christ, to build your lives on the rock of your Christian faith. It is your turn to be evangelizers of each other and of all those whose faith is weak or who have not yet given themselves to the Lord. May you be no less zealous in evangelization and in Christian service than your forebears!" (*Address at Our Lady of Guadalupe Plaza*, September 13, 1987).

With these sentiments, His Holiness commends all taking part in Convocation '95 to the loving intercession of Mary Immaculate, Patroness of the Church in the United States, and he cordially imparts his Apostolic Blessing as a pledge of joy and strength in Jesus Christ our Savior.

With personal good wishes, I remain,

Sincerely yours in Christ,

+ G. B. Re
Substitute

B. Declaración de Compromiso de la Convocacion '95

1. Alabamos a Dios, quien ha sido bueno con nosotros, por la oportunidad de reunirnos en San Antonio para conmemorar los cincuenta años del establecimiento de lo que ahora es el Comité Nacional de Obispos para Asuntos Hispanos. Celebramos los logros en la pastoral hispana durante este medio siglo, y profundamente conscientes de la Comunión en Cristo Jesús que nos une en una sola Iglesia Católica que peregrina proclamando el Reino de Dios, nos comprometemos a la tarea de una Nueva Evangelización en los Estados Unidos de América. Ofrecemos a nuestros obispos esta "Declaración de Compromiso", ansiosos por escuchar de ellos su visión acerca de la contribución hispana a la Nueva Evangelización.

2. La Convocación '95 ha sido para la comunidad hispano-católica, una experiencia evangelizadora que ya empezó a generar un nuevo ardor, a crear nuevas expresiones y a explorar nuevos métodos para hacer presente el Reino de Dios en nuestra sociedad.

3. Aunque celebramos los cincuenta años de una pastoral hispana organizada a nivel nacional, nuestra reunión en San Antonio nos da la oportunidad de reafirmar los orígenes de nuestra identidad católica. Somos el fruto de una inculturación de la fe católica que constituye la base de nuestra identidad hispana. Celebrando la variedad de manifestaciones de esta identidad en nuestros distintos pueblos de origen, nos comprometemos a compartir con nuestras hermanas y hermanos católicos en los Estados Unidos lo que es una fe encarnada en cultura. De esta manera podremos, todos unidos, luchar contra la cultura de la muerte denunciada por nuestro Santo Padre, Juan Pablo II, dando testimonio de lo que es el Evangelio de la Vida.

4. Nos comprometemos a dar testimonio de cómo se inculturа en un pueblo la opción preferencial por los pobres, parte esencial de la fe católica. Por esta opción, comprendemos la afirmación de la dignidad de la persona humana tal como fue creada por Dios, sin otro propósito que el bien de su existencia. Lucharemos contra todo intento de instrumentalizar a la persona humana y de valorar sólo su posible contribución al progreso material de la sociedad.

5. Guiados por esta opción, defenderemos el valor de cada vida humana desde el primer momento de su concepción hasta la muerte natural. Buscaremos formas de afirmar nuestra solidaridad con todos aquellos que defienden a las víctimas de la cultura de la muerte en nuestro país, superando toda hostilidad racial o étnica, tratando de ser verdadero fermento de unidad, y luchando contra el racismo y la discriminación que niegan acceso a los recursos necesarios para salir de la pobreza en la cual se encuentra inmersa todavía gran parte de la población hispana. Insistiremos que se reconozca en toda nuestra sociedad, el derecho a un trabajo digno, a un salario justo, a una vivienda decente, a una educación que respete nuestros orígenes culturales, y el acceso a programas de cuidado de la salud dignos del valor de cada ser humano, cualquiera sea su edad. Discutiendo los problemas de salud, hicimos particular mención a la devastación producida por el SIDA, comprometiéndonos a ser testigos del amor de Dios por todos los enfermos. La contaminación del agua y del medio ambiente también amenazan la salud de muchas de nuestras comunidades, y continuaremos nuestros esfuerzos para que cese esta destrucción de la naturaleza cuyos bienes son para todos los seres humanos.

6. Buscaremos maneras en que los hispanos que han logrado éxito en la sociedad contribuyan con sus talentos para que nuestra experiencia

B. Convocation '95 Statement of Commitment
(*English Translation*)

1. We praise God, who has been good to us, for the opportunity to meet in San Antonio to commemorate the fiftieth anniversary of the establishment of what is now the NCCB Committee on Hispanic Affairs. We have celebrated the achievements in Hispanic ministry during half a century. Profoundly conscious of the Communion in Christ Jesus uniting us as the one Catholic Church in pilgrimage proclaiming the kingdom of God, we commit ourselves to the task of a New Evangelization in the United States of America. We offer our bishops this "Statement of Commitment," eager to hear their insights about the Hispanic contribution to the New Evangelization.

2. Convocation '95 has been an evangelizing experience for the Hispanic-Catholic community, which has already begun to generate new ardor, create new expressions, and explore new methods to make present the kingdom of God in our society.

3. Although we celebrate fifty years of an organized Hispanic ministry at a national level, our reunion in San Antonio gives us the opportunity to reaffirm the origins of our Catholic identity. We are the fruit of an inculturation of the Catholic faith which constitutes the basis of our Hispanic identity. Celebrating the variety of manifestations of this common identity in our different places of origin, we commit ourselves to share with our Catholic brothers and sisters in the United States what a faith incarnate in culture is. In this way, together, we will be able to struggle against the culture of death denounced by our Holy Father Pope John Paul II, giving witness to the Gospel of life.

4. We commit ourselves to give witness to how the preferential option for the poor, an essential aspect of the Catholic faith, becomes a cultural reality. By this option we understand the affirmation of the dignity of the human person as created by God with no other purpose than the good of its own existence. We will struggle against all attempts to instrumentalize the human person, valuing only its possible contribution to the material progress of society.

5. Guided by this option, we will defend the value of each human life from the first moment of conception to natural death. We will search for ways to affirm our solidarity with all who defend the victims of the culture of death in our country—overcoming all racial or ethnic hostility; seeking to be an authentic leaven of unity; and struggling against racism and discrimination. Such discrimination denies access to the necessary resources to escape the poverty in which a large part of our Hispanic population is still immersed. We shall insist on the recognition throughout our society of the right to a dignified work, a just salary, decent housing, an education that respects our cultural origins, and the access to health care programs worthy of the values of each human being, regardless of age. In discussing health problems, we paid particular attention to the devastation brought about by AIDS, committing ourselves to be witnesses of the love of God for all the sick. The pollution of water and the environment also threatens the health of many of our communities, and we shall continue our efforts to stop the destruction of nature whose goods are meant for all human beings.

6. We will search for ways in which Hispanics who have achieved success in society will contribute with their talents so that our experience of faith and culture will assist the Church in the evangelization of the professional world. We underline the importance of a Hispanic presence in the communications media, in order to present an adequate image of the reality of our communities, their real

de fe inculturada asista a la Iglesia en la evangelización del mundo profesional. Subrayamos la importancia de una presencia hispana en los medios de comunicación social para que se presente una imagen apropiada de la realidad de nuestras comunidades, sus verdaderas necesidades y sus contribuciones a la vida de la Iglesia y la sociedad. Reafirmamos nuestro compromiso de solidaridad con los trabajadores agrícolas migratorios, los refugiados, las víctimas de los abusos policiales y los indocumentados. Desarrollaremos metas y estrategias dentro de nuestro ministerio para luchar contra la discriminación que sufre el pueblo inmigrante, trabajando con instituciones políticas y agencias gubernamentales para educar e informar sobre los asuntos que les afectan. Recordamos que los encarcelados por cualquier razón no pierden su dignidad como personas humanas, y trataremos que su cuidado pastoral sea atento a las necesidades particulares de la población hispana en las cárceles.

7. Queremos que nuestras comunidades hispanas estén a la vanguardia de los esfuerzos por defender la dignidad de la familia como célula fundamental de la sociedad y de la Iglesia. Nos comprometemos a laborar para que se reconozca la dignidad de la vocación a ser madres y padres, y lucharemos por el reconocimiento de los derechos de la mujer y su inestimable contribución a todos los aspectos de la vida social y eclesial. Las mujeres hispanas en la Convocación '95, han llamado nuestra atención a la problemática de la mujer en nuestro país, y nos comprometemos a luchar contra la violencia doméstica, la violación y el maltrato de la mujer, el abandono de las madres solteras, la marginación de la mujer pobre, y la falta de recursos para la educación integral y el desarrollo personal. Hablando de la familia, subrayamos la importancia del respeto de la dignidad de nuestros ancianos de quienes hemos recibido la fe que nos sostiene y anima.

8. Buscaremos formas para demostrar que nuestros esfuerzos en el área de justicia social son consecuencia de nuestra fe en Jesucristo, el Señor, el centro de la historia y del universo. En la verdad acerca de Jesucristo, verdadero Dios y verdadero Hombre, descubrimos lo que es la persona humana en todas sus dimensiones: individual, social, material y espiritual. Nos comprometemos a proclamar y a dar testimonio de lo que es ser el Pueblo de Dios que sigue a Jesús hacia la plena manifestación de su victoria sobre el pecado y la muerte. Por lo tanto, promoviendo una auténtica pastoral de conjunto, haremos todo lo posible para que nuestra pastoral litúrgica, sacramental y catequética, al igual que las estructuras parroquiales, den testimonio de la verdad acerca de la Iglesia fundada por Cristo, para ser fieles a la visión del *Plan Pastoral Nacional para el Ministerio Hispano*, de una Iglesia auténticamente "comunitaria, evangelizadora y misionera, encarnada en la realidad del pueblo hispano y abierta a la diversidad de culturas, promotora y ejemplo de justicia, que desarrolle liderazgo por medio de la educacion integral...que sea fermento del Reino de Dios en la sociedad".

9. Promoveremos el conocimiento del *Plan Pastoral Nacional* y su implementación donde todavía no se haya hecho. Continuaremos buscando expresiones de vida eclesial y cambios estructurales que, en comunión con nuestros obispos y el Santo Padre, nos ayuden a dar un testimonio claro de la verdad acerca de la Iglesia, tales como las pequeñas comunidades eclesiales, movimientos de renovación eclesial, y organizaciones hispanas católicas. En este campo, se hace necesario reforzar las parroquias como centros de vida eclesial en las diferentes regiones. Apoyamos todos los esfu-erzos para fortalecer las escuelas católicas, buscando formas en que la educación católica sea más accesible al pueblo hispano. Subrayamos también la importancia de un ministerio de vocaciones que busque

needs, and their contributions to the life of the Church and society. We reaffirm our commitment to solidarity with migrant agricultural workers, refugees, the victims of police abuse, and the undocumented. We shall develop goals and strategies within our ministry to struggle against the discrimination suffered by immigrants, working with political institutions and government agencies in order to inform and educate them about matters that affect new arrivals. We remind everyone that those who, for whatever reason, are in prison do not lose their dignity as persons, and we will strive so that pastoral care is attentive to the particular needs of the Hispanic population in jail.

7. We want our Hispanic communities to be at the vanguard of the efforts to defend the dignity of the family as the fundamental cell of society and of the Church. We commit ourselves to work for the recognition of the dignity of the vocation of parenthood, and we shall struggle for the recognition of the rights of women and their invaluable contributions to all aspects of ecclesial and social life. The Hispanic women in our convocation have called our attention to the problems of women in our country, and we commit ourselves to struggle against domestic violence, the violation and mistreatment of women, the abandonment of single mothers, the exclusion of poor women, and the lack of adequate resources for an integral formation and education. Concerning the family, we underline the importance of respecting the dignity of the elderly, from which we have received the faith that sustains and animates us.

8. We shall seek ways to show that our efforts on behalf of social justice are the result of our faith in Jesus Christ, the Lord, the center of history and the universe. In the truth about Jesus Christ, true God and true man, we discover what the human person is in all its dimensions: individual, social, material, and spiritual. We commit ourselves to the proclamation and witness of what it means to be the People of God that follows Jesus towards the full manifestation of his victory over sin and death. Therefore, promoting an authentic team ministry (*pastoral de conjunto*), we will do everything possible so that our liturgical, sacramental, and catechetical ministry gives witness to the truth concerning the Church founded by Christ, being faithful to the vision of the *National Pastoral Plan for Hispanic Ministry* of a Church that is authentically "communitarian, evangelizing and missionary, incarnate in the reality of the Hispanic people and open to the diversity of cultures, a promoter and example of justice, that develops leadership through integral education . . . that is leaven for the kingdom of God in society."

9. We shall promote information on the *National Pastoral Plan* and its implementation where it has not yet occurred. We shall continue to look for expressions of ecclesial life and structural changes which, in communion with the Holy Father and the bishops, will help us give clear witness to the truth about the Church, such as the small ecclesial communities, movements of ecclesial renewal, and Catholic Hispanic organizations. In this area, it is necessary to strengthen the parishes as centers of the life of the Church in the different regions. We support all efforts to strengthen Catholic schools, searching for ways in which Catholic education will be more accessible to Hispanics. We also underline the importance of a vocations ministry that will eagerly look for Hispanics called to ministry in the Church as priests, deacons, and members of religious communities. We recognize the need for Hispanic families to give greater attention to vocations, to ecclesial ministry, recognizing the great blessing this is for them. There is an urgent need for programs for the adequate religious formation of our communities and their lay leaders, with special emphasis on a profound knowl-

con esmero particular a hispanos e hispanas llamados al ministerio en la Iglesia como sacerdotes, diáconos y miembros de comunidades religiosas. Reconocemos la necesidad de que las familias hispanas den mayor atención a la vocación al ministerio eclesial, reconociendo la gran bendición que esto representa para ellas. Urgen programas de una formación religiosa adecuada para nuestras comunidades y sus líderes laicos, dando énfasis a un conocimiento profundo de las Sagradas Escrituras como la Palabra de Dios, la doctrina de la Iglesia según el nuevo *Catecismo de la Iglesia Católica*, y el poder incomparable de la oración. Hacemos un llamado a los colegios y a otras instituciones de educación a responder a las necesidades del pueblo hispano, y que los seminarios preparen adecuadamente a todos los futuros sacerdotes a comprender la realidad y la promesa de la presencia hispana en la Iglesia. Afirmamos la importancia de una religiosidad popular que refleje auténticamente el Evangelio como una de las formas más importantes en que la fe se convierte en cultura. En nuestra Convocación '95 se discutió ampliamente la importancia de una pastoral adecuada para nuestros jóvenes, abierta a sus puntos de vista y solicitando sus contribuciones a la vida de la Iglesia. Buscaremos las maneras de compartir con toda la Iglesia en los Estados Unidos el progreso realizado en la pastoral hispana.

10. Concluyendo nuestra Convocación '95, afirmamos nuestro compromiso a buscar formas de continuar y fortalezer el proceso de diálogo, entre nuestras comunidades y nuestros obispos, como en el proceso de los Encuentros y como ha sucedido en esta convocación. No queremos esperar que pasen diez años para otra ocasión igual. Urgimos, por lo tanto, que se formulen planes para lograr una plena contribución de nuestro pueblo hispano en las preparaciones para la celebración del Tercer Milenio de Cristiandad. Como parte de esta preocupación, haremos todo lo posible para ayudar a la preparación y participación de nuestros obispos en el próximo Sínodo para todo el hemisferio americano. Somos el lógico puente entre la Iglesia en Estados Unidos y la Iglesia en América Latina.

11. Regresamos a nuestros hogares y lugares de compromiso eclesial encomendándonos a nuestra Madre, María, la Reina de las Américas, la Morenita, la Virgen de Guadalupe, compañera siempre de nuestros pueblos en la lucha por la libertad, la paz y el respeto de nuestra dignidad.

C. Contexto Histórico del Ministerio Hispano en la Iglesia Católica en los Estados Unidos

El Evangelio fue traído a este continente y a este hemisferio hace más de 500 años. Por tanto, el ministerio hacia las personas de habla hispana y a las personas nativas, ha sido un proceso contínuo y parte integral de la historia de la Iglesia en las Américas. En tiempos más recientes, el ministerio hacia las personas de habla hispana se estableció en las diócesis para responder a las problemáticas pastorales y sociales de cada comunidad hispana en particular.[1] En algunas diócesis, las oficinas de ministerio se establecieron a fines del siglo pasado y a principios del siglo actual. En muchas diócesis del oeste y suroeste del país, se establecieron concilios hispanos durante las décadas de los años 40 y 50.

El primer Comité de Obispos para los de habla hispana fue establecido en 1945 por la *National Catholic Welfare Conference*, bajo el liderazgo del Arzobispo de San Antonio, monseñor Robert E. Lucey. El Comité, con oficinas en la ciudad de San Antonio, tenía como enfoque prioritario, la situación apremiante de los trabajadores migrantes en el suroeste.[2]

Cuando se estableció el Comité de Obispos, la comunidad de habla hispana se encontraba asentada mayormente en los estados fronterizos con México. La

edge of the Scriptures as the word of God, the doctrine of the Church in accordance with the new *Catechism of the Catholic Church*, and the incomparable power of prayer. We call upon schools and other educational institutions to respond to the needs of the Hispanic people and upon seminaries so that they adequately prepare all future priests to understand the reality and the promise of the Hispanic presence in the Church. We affirm the importance of a popular religiosity faithful to the Gospel as one of the most important ways through which faith becomes culture. In our Con-vocation '95, we discussed widely the importance of pastoral programs for the young, open to their points of view and soliciting their contribution to the life of the Church. We will look for ways to share with the entire Church in the United States the progress brought about in Hispanic ministry.

10. Concluding our Convocation '95, we affirm our commitment to look for ways to continue the process of dialogue between our communities and our bishops, such as the process of the *Encuentros*, as well as this Convocation. We do not wish to wait ten years before another similar occasion. We urge, therefore, that plans be formulated to achieve the full cooperation of our Hispanic peoples in the preparation for the celebrations of the third millennium of Christianity. As part of this concern, we shall do all within our reach to help in the preparation and participation of our bishops in the upcoming Synod of the entire American Hemisphere. We are the logical bridge between the Church in the United States and the Church in Latin America.

11. We return to our homes and places of ecclesial commitment entrusting ourselves to our Mother, Mary, Queen of the Americas, *La Morenita*, our Lady of Guadalupe, constant companion of our people in their struggle for liberty, peace, and respect for our dignity.

C. Historical Context of Hispanic Ministry in the Catholic Church in the United States

The Gospel was introduced to this continent and to this hemisphere over 500 years ago. As such, ministry to the Spanish-speaking and to native peoples has been an ongoing process and an integral part of our Church's history in the Americas. In more recent times, ministry to the Spanish-speaking was established by dioceses to respond to the pastoral and social concerns of their particular Spanish-speaking communities.[1] In some dioceses, ministry offices were established at the turn of the century. In many western and southwestern dioceses, Spanish-speaking councils were established in the 1940s and 1950s.

The first bishops' committee for the Spanish-speaking was established in 1945 under the leadership of Archbishop Robert E. Lucey, of San Antonio, by the National Catholic Welfare Conference. The primary focus of the Committee was the plight of migrant workers in the southwest. Its office was located in San Antonio.[2]

At the time the bishops' committee was established, the Spanish-speaking community was largely settled in the states bordering Mexico. Other parts of the country were also seeing a significant Hispanic presence: the midwest, the northeast, and Florida also had a significant Spanish-speaking population.

In general, the population was relatively small and largely poor. Most workers received low wages, lived in substandard housing, lacked medical care, had little education or educational opportunity, and received little support or assistance. Regretfully, not even the institutional Church was present to assist. Many workers had come to the United States as *braceros* in the federally sponsored Bracero Program, which was established as a contracted labor force to support the agricultural industry during and after World War II. Needless to say, the plight of the farm workers intensified during this period.

Many social and pastoral needs in different parts of the country moved Hispanics to form new secular and

presencia hispana se podía ver también en otras partes del país: en el medio oeste, el nordeste y en el estado de la Florida se apreciaba una población hispana significante.

En general, esta población era pequeña y en su mayoría pobre. La mayoría de los trabajadores recibían sueldos bajos, vivían en viviendas deficientes, carecían de cuidados médicos, tenían poca educación u oportunidades educacionales, y recibían una reducida ayuda o asistencia. Desgraciadamente, ni siquiera la iglesia institucional estaba allí para asistirles. Muchos de estos trabajadores habían llegado a los Estados Unidos como "braceros" patrocinados por el *Bracero Program* del gobierno federal que fue establecido durante y después de la Segunda Guerra Mundial para suplir mano de obra a la industria agrícola. Basta decir que la problemática de los trabajadores agrícolas se intensificó durante este período.

Muchas necesidades sociales y pastorales, en diferentes partes del país, impulsaron a los hispanos a formar nuevas asociaciones seculares y eclesiales. Estas asociaciones cobraron importancia ya que la comunidad hispana las utilizó como vehículos para lograr una participación más pro-activa en asuntos de la política pública y para responder a las muchas necesidades de servicios sociales enfrentadas por las familias y comunidades. La respuesta de la Iglesia fue continuar prestando servicios sociales y, más adelante, estableciendo y dando fondos a las diócesis y oficinas regionales e institutos pastorales a fin de coordinar mejor los esfuerzos de la pastoral hispana.[3]

Dentro de este clima de afirmación y apoyo, la Iglesia estableció una oficina para la pastoral de la comunidad hispana extendiendo su énfasis más allá de las problemáticas regionales. En 1968-1970, con la reorganización de la *National Catholic Welfare Conference*, la Oficina Nacional del Comité de Obispos para *el Hispano-Parlante* se convirtió en la Sección de los *Hispano Parlantes*, bajo el Departamento de Desarrollo Social de la recién estructurada *National Conference of Catholic Bishops*.[4]

En 1970, la oficina se trasladó a Washington, D.C. siendo la tarea del director nacional enfocar esfuerzos en lo pastoral yendo más allá de las problemáticas sociales y materiales; incrementar el número del personal para llevar a cabo el desafiante trabajo inmediato; colaborar con organizaciones nacionales e invitarlas a unirse en la tarea que se tenía por delante. El desafío para el Secretariado para Asuntos Hispanos era el de asistir a la Iglesia en su respuesta a las necesidades sociales y pastorales de un número creciente de hispanos católicos. Su misión era la de abogar por las necesidades pastorales y asuntos de naturaleza pública que impactaban la vida de la comunidad hispana. En junio de 1972, estos conceptos se convirtieron en las prioridades y en la base para el Primer Encuentro Nacional Hispano de Pastoral. Según dijo el Papa Pablo VI, el primer Encuentro "despertó tantas esperanzas y tanto entusiasmo".[5]

Las Conclusiones del Primer Encuentro dice que "las personas de habla hispana deben tener mayor participación en el liderato y la toma de decisiones en todos los niveles de la Iglesia estadounidense".[6] Lo que es más, llamaba a la creación de centros regionales y pastorales, coordinados a nivel nacional, con el fin de hacer investigación y reflexión, así como el desarrollo de programas de formación de liderazgo cristiano a todos los niveles de la Iglesia. Finalmente, las conclusiones de los participantes enuncian que "convencidos de la unidad de la iglesia estadounidense" y de los valores de su herencia, ellos sentían "el impulso del espíritu que nos mueve a compartir la responsabilidad en el desarrollo del reino" entre los hispanos y el pueblo de los Estados Unidos.[7]

El período que siguió al Primer Encuentro fue un tiempo en el cual el número de obispos hispanos aumentó, se vio la colaboración con obispos no-hispanos, se vio la renovación de sacerdotes y religiosos hispanos y pro-hispanos, la revitalización de los movimientos apostólicos y un crecimiento prometedor de las pequeñas comunidades de iglesia.

En 1974, la Sección de los Hispano Parlantes fue elevada al rango de Secretariado para Asuntos Hispanos, entrando en vigencia el 1ro de enero de 1975. De inmediato, en el primer año de su creación, el Comité de Obispos llamó a un Segundo Encuentro Nacional

ecclesial associations. These associations were important and were used by the Spanish-speaking community as vehicles for a more pro-active participation in public policy issues and in meeting the many social service needs facing their families and communities. The Church responded by continuing to provide social services and later by establishing and funding diocesan and regional offices and pastoral institutes to better coordinate Hispanic pastoral ministry efforts.[3]

Within this affirming and supportive climate, the Church established an office for ministry to the Spanish-speaking community that went beyond regional concerns. In 1968, with the reorganization of the National Catholic Welfare Conference, the National Office of the Bishops' Committee for the Spanish-Speaking became the Division for the Spanish-Speaking under the Social Action Department of the newly organized National Conference of Catholic Bishops.[4]

In 1971, the office was moved to Washington, D.C. The task of the national director was to move beyond social and material concerns to the pastoral; to increase the size of the staff to carry out the challenging work ahead; to collaborate with national organizations; and to invite them to become partners in the task at hand. The challenge of the Secretariat for Hispanic Affairs was to assist the Church in its response to the pastoral and social needs of a growing number of Hispanic Catholics. Its mission was to serve as an advocate for pastoral needs and for public policy issues that were impacting the life of the Spanish-speaking community. In June 1972, these concepts became the priorities and the basis for the *Primer Encuentro Nacional Hispano de Pastoral*. According to Pope Paul VI, the first *Encuentro* "aroused so much enthusiasm and so many expectations."[5]

The conclusions of the *Primer Encuentro* called for "greater participation of the Spanish speaking in leadership and decision-making roles at all levels within the American Church."[6] Further, it called for the establishment of regional and pastoral centers, to be established and coordinated nationally, for the purpose of research and reflection and the development of programs of Christian leadership formation at all levels of the Church. Finally, the conclusions of the participants state that "being convinced of the unity of the American Church" and of the values of their heritage, they were "impelled by the Spirit to share responsibility for the growth of the kingdom" among the Spanish speaking and the peoples of the United States.[7]

During the period following the *Primer Encuentro,* the number of Hispanic bishops increased, and Hispanic bishops collaborated with non-Hispanic bishops, Hispanic and pro-Hispanic priests and religious were renewed, apostolic movements were revitalized, and small Christian communities increased.

On January 1, 1975, the Division for the Spanish-speaking was elevated to the Secretariat for the Spanish-Speaking. Within its first year of existence, the bishops' committee called for a second national *encuentro* to develop a more concrete pastoral orientation. The following year, the national secretariat took advantage of the International Eucharistic Congress, which was taking place in Philadelphia, to convene a meeting of national ministry leaders to consult and determine Hispanic priorities, particularly those of the grassroots Hispanic community. "Three priorities surfaced: unity in pluralism, integral education, and social change (especially in fomenting greater respect for Hispanos). Each priority gave special attention to leaders and youth."[8]

The participants at the national gathering set summer 1977 as the date for the *II Encuentro*. A national coordinating committee was established, consisting of the secretariat staff and the regional directors. Also included were the heads of the national Catholic Hispanic organizations. In January 1977, the Ad Hoc Committee of Bishops for the Spanish-Speaking supported and endorsed the *encuentro*.

In various planning meetings leading up to the II *Encuentro*, the national coordinating committee quickly discovered that the "principal strength of the process was found in the diocesan Church."[9] The number of diocesan offices for the Spanish-speaking had grown from thirty in 1972 to over one hundred in 1977.

para responder a la necesidad de una orientación pastoral más concreta al NCCB. Al año siguiente, el secretariado nacional aprovechó la ocasión del Congreso Eucarístico Internacional que se llevaba a cabo en Philadelphia, para convocar a una reunión de líderes ministeriales a nivel nacional con el propósito de consultar acerca de las prioridades de la comunidad hispana y definirlas, especialmente aquellas que existían a nivel de base. "Surgieron tres grandes prioridades: Unidad y Pluralismo, Educación Integral, Cambio Social (sobre todo más respeto al pueblo hispano). Cada una de estas prioridades prestaba atención especial a los líderes y a los jóvenes".[8]

Los participantes en esta reunión fijaron el verano de 1977 como la fecha para el Segundo Encuentro. Se estableció un comité coordinador nacional, que consistía del personal del Secretariado y de los Directores Regionales. También se incluyó a los líderes de las organizaciones hispanas católicas del país. En enero de 1977, el Comité Ad Hoc de Obispos para el Ministerio Hispano apoyó y ratificó el Encuentro.

En varias de las reuniones que antecedieron al Encuentro, el comité coordinador nacional no tardó en descubrir que "el punto de arranque de este proceso debía ser la Iglesia Diocesana".[9] El número de oficinas diocesanas para personas de habla hispana había crecido de treinta en 1972 a más de cien en 1977. Se incluyó a los directores diocesanos en los procesos de planificación y estos fueron invitados a la reunión Nacional de Directores Diocesanos del Apostolado Hispano. Ochenta y dos directores diocesanos participaron. El tema escogido fue *Pueblo de Dios en Marcha* y el himno oficial, *Un Pueblo Que Camina*. El tema fue la evangelización y otros cinco tópicos relacionados con actividades que describían el concepto de Iglesia que los participantes deseaban encontrar; estos fueron: *ministerios, derechos humanos, educación integral, responsabilidad política y unidad en pluralismo*. Más de cien mil personas de todas partes del país participaron en el proceso.[10] "Las recomendaciones del II Encuentro expresan los deseos de los hispanos de base que quieren tener una iglesia más responsable, multicultural, espiritualmente viva, unida y creativa".[11]

En 1968, la Oficina Regional del Medio Oeste y el Centro Cultural México-Americano (MACC) habían sido establecidos para asistir en la formación, capacitación y desarrollo de oficinas diocesanas y agentes pastorales. En 1974, se fundó el Centro Pastoral del Nordeste en Nueva York. El período que siguió al II Encuentro de 1977, vió la apertura de cinco nuevas oficinas regionales para el ministerio hispano. La oficina del Sureste en 1978, la del Oeste en 1979, la del Noroeste en 1981 y la organización de directores diocesanos en los estados de Norte Central y en la región montañosa en 1984. Estas oficinas y estructuras regionales sirvieron de gran apoyo al apostolado hispano y continúan siendo una parte integral del ministerio hispano hoy en día.

Durante el II Encuentro también se creó un *National Youth Task Force* que más adelante se convertiría en el Comité Nacional Hispano de Pastoral Juvenil. Hoy en día esta organización ha cesado de existir pero hubo varios intentos para reactivarla. En 1987, debido a una reorganización del NCCB, se colocó a la juventud bajo la Oficina para Jóvenes del Secretariado para Laicos y Vida Familiar. En lugar del Comité, las oficinas regionales y diocesanas tomaron la responsabilidad de coordinar el ministerio juvenil hispano.

La fructuosa colaboración que se estableció con organizaciones católicas hispanas durante el II Encuentro, resultó ser una práctica valiosa para el ministerio pastoral. La experiencia y conocimientos de los líderes nacionales fueron elementos valiosos para el Comité Ad Hoc y para el Secretariado para Asuntos Hispanos al momento de formular estrategias pastorales. Todos los participantes se beneficiaron de la coordinación nacional. Ellos vieron la necesidad de mantenerse en contacto y de continuar colaborando con el propósito de implementar las prioridades pastorales nacionales de los hispanos.

Como resultado de la necesidad de continuar con estas reuniones, el Comité Consejero Nacional (NAC) fue creado en 1978 por la Conferencia Nacional de Obispos Católicos a fin de asistir al Secretariado para Asuntos Hispanos. Entre sus miembros estaban los directores y coordinadores de las oficinas y organiza-

The diocesan directors were included in the planning process and were invited to the National Meeting of Diocesan Directors of the Hispanic Apostolate. Eighty-two diocesan directors participated. The motto chosen was *Pueblo de Dios en Marcha* and the official hymn chosen was *Un Pueblo que Camina*. The theme was evangelization, and the participants chose five additional topics for discussion: *ministries, human rights, integral education, political responsibility, and unity in pluralism*. More than one hundred thousand people from all parts of the country participated in the process.[10] "The *Segundo Encuentro* recommendations express(ed) the desire of grassroots Hispanics for a more responsive, multicultural, spiritually alive, united and creative Church."[11]

In 1968 the Midwest Regional Office and the Mexican American Cultural Center had been established to assist in the formation, training, and development of diocesan staffs and pastoral leaders. In 1974, the Northeast Catholic Pastoral Center for Hispanics was established in New York. The period following the *II Encuentro* of 1977 saw the opening of five new regional offices for Hispanic ministry: the Southeast in 1978, the Far West in 1979, the Northwest in 1981, and the organization of diocesan directors in the North Central states in 1982 and in the Mountain states in 1984. These offices and regional structures were a great support to the Hispanic apostolate and continue to be an integral part of Hispanic ministry today.

In addition, during the *II Encuentro,* a National Youth Task Force was created which became the *Comité Nacional Hispano de Pastoral Juvenil*. Today this organization does not exist, though there have been attempts to reestablish it. In 1987, the NCCB reorganized and placed youth under the youth desk of the Secretariat for Laity and Family Life. In place of the *Comité*, regional and diocesan offices took on the responsibility of coordinating Hispanic youth ministry.

The successful collaboration with national Hispanic Catholic organizations during the *II Encuentro* proved to be a valuable exercise for pastoral ministry. The expertise and knowledge of the national leaders were great assets to the Ad Hoc Committee and to the Secretariat for Hispanic Affairs in formulating pastoral strategies. All the participants benefited from the national coordination. They saw a need to keep in contact and to continue to collaborate for the purpose of implementing national Hispanic pastoral priorities.

As a result of the need to continue meeting, a National Advisory Committee (NAC) was created by the National Conference of Catholic Bishops in 1978 to assist the Secretariat for Hispanic Affairs. Its members included the directors and coordinators of the regional offices and organizations, presidents of the pastoral institutes, the presidents of the apostolic movements, and the heads of Hispanic Catholic organizations, such as PADRES, HERMANAS, Hispanic Youth, and the National Farmworker Ministry. After the ad hoc committee of bishops was changed to a standing committee in 1987, the NAC was dissolved in 1990 to adapt to the structure of a NCCB/USCC permanent committee.

The Bishops Speak with the Virgin: A Pastoral Letter of the Hispanic Bishops of the U.S. was published in 1982. It was a message of the Hispanic community's pilgrimage with joy, courage, and hope; the historical reality; and the community as artisans of a new humanity. In 1983, the bishops issued a pastoral letter on Hispanic ministry titled *The Hispanic Presence: Challenge and Commitment*. In the document, the bishops of the United States made a call to

ciones regionales, los presidentes de los institutos pastorales, los presidentes de los movimientos apostólicos y los dirigentes de las organizaciones hispanas católicas, tales como PADRES, HERMANAS, Juventud Hispana y el Ministerio Nacional de Trabajadores Migrantes. Luego que el Comité Ad Hoc de Obispos adquirió el rango de Comité Permanente en 1987, el NAC fue desintegrado en 1990 a fin de que el comité se adaptara a la estructura de los comités permanentes de la NCCB/USCC.

Los Obispos Hablan con la Virgen: Una Carta Pastoral de los Obispos Hispanos de los Estados Unidos fue publicada en 1982. Esta carta fué un mensaje del peregrinaje de la comunidad hispana a lo largo de la historia, de su realidad, de cómo la comunidad es artesana de una nueva humanidad, y de su peregrinaje hecho con gozo, valor y esperanza. En 1983, el cuerpo de obispos publicó una carta pastoral sobre el ministerio hispano titulada *La Presencia Hispana: Esperanza y Compromiso*. En este documento, los obispos de los Estados Unidos hicieron un llamado al ministerio hispano, afirmaron los logros dentro del ministerio hispano, enumeraron las implicaciones pastorales urgentes y expresaron su compromiso. Más importante aún, en su carta los obispos llamaban a un tercer encuentro nacional cuyas conclusiones se revisarían y usarían como base para un plan pastoral nacional para el ministerio hispano.

Los obispos pedían al pueblo hispano "que eleve su voz profética una vez más, como hizo en 1972 y 1977, en un Tercer Encuentro Nacional Hispano de Pastoral, de forma que juntos podamos asumir responsablemente nuestras responsabilidades. Pedimos que se inicie el proceso para que tenga lugar un encuentro, desde las comunidades eclesiales de base y las parroquias pasando por las diócesis y regiones, hasta el nivel nacional, para culminar en una reunión de representantes en Washington, D.C., en agosto de 1985".[12] Además, ellos expresaron que reconocían que "la planificación pastoral integral debe evitar adaptaciones meramente superficiales de los ministerios existentes".[13]

El III Encuentro es el fruto de los esfuerzos de muchas mujeres y hombres comprometidos, quienes por muchos años dedicaron su tiempo y energía al proceso de evangelización. El III Encuentro fue un proceso que consistía en 10 pasos que requerían consulta y participación del pueblo a nivel diocesano, regional y nacional. El proceso de 10 pasos incluía: 1) formación de equipos promotores diocesanos (EPDs) y equipos móviles; 2) evaluación del II Encuentro; 3) promoción del III Encuentro mediante la comunicación; 4) consulta local por medio del contacto personal; 5) reflexión local acerca de la consulta y la selección de prioridades para el nivel nacional; 6) reunión nacional de los directores diocesanos y delegados de los EPDs y selección de un tema; 7) estudio y reflexión en el ámbito local sobre el tema nacional; 8) segunda reunión diocesana para sintetizar la reflexión local sobre el tema; 9) encuentro regional sobre las conclusiones diocesanas para uso en el encuentro nacional; y finalmente, 10) el III Encuentro Nacional Hispano de Pastoral.[14]

Cuatro objetivos fueron propuestos por parte del Comité Ad Hoc de Obispos para Asuntos Hispanos para el III Encuentro: a) evangelizador, b) capaz de formar líderes a través del proceso mismo, c) ser desarrollado por las bases y d) debería enfatizar las dimensiones diocesanas y regionales del proceso. Un quinto objetivo vino de la carta pastoral de los obispos, un Plan Pastoral Nacional.[15] Las Oficinas Regionales, los Institutos Pastorales, el Comité Consejero Nacional y los representantes de los equipos promotores diocesanos ayudaron a diseñar el proceso, el cual ayudó a conservar el modelo de comunión y participación.

El tema escogido fué *Pueblo Hispano: Voz Profética*, el cual surgió de la Carta Pastoral de los obispos, *La Presencia Hispana: Esperanza y Compromiso*. Unas *Líneas Proféticas Pastorales* prácticas fueron aprobadas y se convirtieron en la "dirección y en las opciones principales de la pastoral hispana".[16]

Voces Proféticas se publicó en 1986 como el documento sobre el contexto histórico, el proceso que se siguió, los compromisos, el seguimiento, la reflexión pastoral y las conclusiones del III Encuentro Nacional Hispano de Pastoral.

Hispanic ministry, affirmed the achievements in Hispanic ministry, listed urgent pastoral implications, and made a statement of commitment. Most importantly, in their letter, the bishops called for a third national *encuentro* and called for the conclusions to be reviewed as a basis for a national pastoral plan for Hispanic ministry.

The bishops asked "Hispanic peoples to raise their prophetic voices once again, as they did in 1972 and 1977, in a *III Encuentro Nacional Hispano de Pastoral*, so that together we can face our responsibilities well. We call for the launching of an *Encuentro* process, from *comunidades eclesiales de base* and parishes, to dioceses and regions, and to the national level, culminating in a gathering of representatives in Washington, D.C., in August 1985."[12] Further, they stated that they recognized "that integral pastoral planning must avoid merely superficial adaptations of existing ministries."[13]

The *III Encuentro* is the fruit of the efforts of many committed men and women who, for many years, dedicated their time and energy in a process of evangelization. The *III Encuentro* consisted of ten steps that required consultation and participation of the people at the diocesan, regional, or national levels: (1) formation of diocesan promoter teams (EPDs) and mobile teams; (2) evaluation of *II Encuentro*; (3) promotion of *III Encuentro* through communication; (4) local consultation through personal contact; (5) local reflection about consultation and selection of priorities for the national level; (6) national meeting of diocesan directors and delegates of the EPDs and selection of a theme; (7) study and reflection at the local level about the national theme; (8) second diocesan meeting to synthesize the local reflection on the theme; (9) regional *encuentro* on diocesan conclusions for use at the national *encuentro*; and, (10) the *III Encuentro Nacional Hispano de Pastoral*.[14]

The Ad Hoc Committee of Bishops for Hispanic Affairs proposed four objectives for the *III Encuentro*: (a) evangelization, (b) formation of leaders, (c) development of grassroots efforts, and (d) emphasis on the diocesan and regional dimensions of the process. A fifth objective came from the bishops' pastoral letter, *A National Pastoral Plan*.[15] The regional offices, the pastoral institutes, the National Advisory Committee, and representatives from the diocesan promotional teams helped design the process, which preserved the model of communion and participation.

The theme selected was *Pueblo Hispano: Voz Profética*, which came from the bishops' pastoral letter *The Hispanic Presence: Challenge and Commitment*. Practical "Prophetic Pastoral Guidelines" were approved and became the "direction and principal options of Hispanic pastoral ministry."[16]

Prophetic Voices was published in 1986 as the document on the historical context, the process, the commitments, the follow-up, the pastoral reflection, and the conclusions of the *III Encuentro Nacional Hispano de Pastoral*.

The Prophetic Pastoral Guidelines in this document were designed to be the fundamental direction for pastoral action. They included family as the core of pastoral ministry, a preferential option for and in solidarity with the poor, a preferential option for Hispanic youth, and resolve to follow *pastoral de conjunto* and to follow the pastoral approach of an evangelizing and missionary Church. The "guidelines" also promote Hispanic leadership and a "line of integral education that is sensitive to cultural identity, promotes and exemplifies justice, and values and promotes women in equality, dignity and their role in the Church, the family, and society."[17]

The National Pastoral Plan for Hispanic Ministry promotes a model of Church that is communitarian and participatory. The general objective prophetically and poetically states the vision of Church that Hispanic and non-Hispanic Catholic leaders and pastoral agents have developed and have participated in for many decades. Though there are many new leaders and Church professionals who have not been involved in the Hispanic pastoral process over the last 20 to 25 years, the vision is still very relevant and it is one of the best Hispanic ministry has developed. To a large degree, Hispanic ministry has been affirmed and supported by the Church during this process, though not always to the degree expected. However, the purpose

Las Líneas Proféticas Pastorales en este documento fueron elaboradas para dar una dirección esencial a la acción pastoral. Entre ellas estaba: la familia como el núcleo del ministerio pastoral, una opción preferencial por los pobre y en solidaridad con ellor, una opción preferencial por la juventud hispana, el propósito de proseguir con una pastoral de conjunto y de continuar el método pastoral de una iglesia evangelizadora y misionera. Las "líneas" también promueven el liderazgo hispano y una "línea de educación integral sensible a nuestra identidad cultural, promotora y ejemplo de justicia, y una línea de valorización y promoción de la mujer reconociendo su igualdad y dignidad, y su papel en la Iglesia, familia y sociedad".[17]

El Plan Pastoral Nacional para el Ministerio Hispano promueve un modelo de Iglesia que es comunitario y participativo. El Objetivo General afirma, profética y poéticamente, la visión de Iglesia que los agentes pastorales y líderes católicos hispanos—y no hispanos— han desarrollado y en la cual han estado participando por muchas décadas. Aunque muchos nuevos líderes y profesionales de la Iglesia no han estado involucrados en el proceso hispano pastoral de los últimos 20 a 25 años, la visión es todavía relevante y es una de las mejores que el ministerio hispano ha desarrollado. En gran parte, el ministerio hispano ha sido afirmado y apoyado por la Iglesia durante este proceso, aunque no siempre al grado esperado. Sin embargo, el propósito de este proceso ha sido siempre desarrollar agentes pastorales responsables de la Buena Nueva y participar en el proceso de construir el reino de Dios, sin importar la edad, cultura, rango económico o género.

"Vivir y promover...mediante una pastoral de conjunto un modelo de Iglesia que sea: comunitaria, evangelizadora y misionera, encarnada en la realidad del pueblo hispano y abierta a la diversidad de culturas, promotora y ejemplo de justicia...que desarrolle liderazgo por medio de la educación integral...que sea fermento del reino de Dios en la sociedad"[18] es el reto que todos los cristianos debemos enfrentar. Por medio de las cuatro Dimensiones Específicas del Plan Pastoral: *Pastoral de Conjunto, Evangelización, Opción Misionera* y *Formación*, y con los programas y proyectos delineados, la estrategia de implementación del ministerio hispano está ya trazada para la Iglesia. Desde 1987, cuando el Plan Pastoral fue aprobado por la NCCB, el ministerio hispano ha tenido por mandato la implementación del modelo de iglesia vivido por muchos y que ha sido descrito para que todos puedan continuarlo.

En afirmación y apoyo de los esfuerzos pastorales en parroquias, diócesis y regiones dirigidos a y entre hispanos católicos, el Comité de Obispos para Asuntos Hispanos y nueve otros comités de la NCCB/USCC co-patrocinaron Convocación '95, en San Antonio, Texas, del 23 al 25 de junio de 1995. El evento que tuvo lugar en *Incarnate Word College*, enfatizó la intención de los obispos católicos de conmemorar y celebrar, de edificar comunión en el ministerio y de reanudar su compromiso con el ministerio hispano en el quincuagésimo aniversario del establecimiento de una oficina nacional para el ministerio a los hispanos.

Quinientos directores del ministerio hispano y delegados, en representación de 110 diócesis y ocho regiones de la pastoral hispana, se unieron a 35 obispos, 98 sacerdotes, 17 diáconos permanentes, 55 religiosas y más de 300 mujeres y hombres laicos, incluyendo 115 parejas de esposos en esta reunión nacional. Los obispos sirvieron de facilitadores en 23 talleres diferentes tratando con temas relacionados a la identidad cristiana y a la acción cristiana. De las declaraciones de compromiso que se desarrollaron al final de cada uno de los 23 talleres, los participantes a la Convocación '95 dieron su aporte para el desarrollo de una "Declaración de Compromiso" del ministerio hispano que fue utilizado luego por la Conferencia Nacional de Obispos Católicos para desarrollar su declaración pastoral sobre los católicos hispanos en los Estados Unidos titulada "*La Presencia Hispana en la Nueva Evangelización en los Estados Unidos*".

En la ceremonia de clausura de Convocación '95, el Comité de Obispos presentó la primera Medalla Nacional "Arzobispo Patricio F. Flores" a nueve personas y a una pareja de esposos por su contribución y servicio a la Iglesia y al ministerio hispano. Los beneficiarios y muchos otros semejantes a ellos, continúan haciendo posible la evangelización de los hispanos

of the process has always been to develop responsible pastoral agents of the Good News and to participate in the process of building the reign of God, regardless of age, culture, economic status, or gender.

"To live and promote . . . by means of a *Pastoral de Conjunto,* a model of Church that is: communitarian, evangelizing, and missionary, incarnate in the reality of the Hispanic people and open to the diversity of cultures, a promoter of justice . . . that develops leadership through integral education . . . that is leaven for the kingdom of God in society"[18] is the challenge all Christians must face. Through the four specific dimensions of the pastoral plan: *pastoral de conjunto, evangelization, missionary option, and formation*, and with the programs and projects delineated, the Hispanic ministry implementation strategy is in place for the Church. Since 1987, when the pastoral plan was approved by the NCCB, Hispanic ministry has had a mandate to implement the model of Church that so many participated in experiencing.

In affirmation and support of parish, diocesan, and regional efforts to minister with and among Hispanic Catholics, the NCCB's Bishops' Committee on Hispanic Affairs and nine other NCCB/USCC committees co-sponsored Convocation '95 in San Antonio, Texas, on June 23-25, 1995. The event, hosted at Incarnate Word College, marked the Catholic bishops' intent to commemorate, to celebrate, to build communion in ministry, and to re-commit to Hispanic ministry on the fiftieth anniversary of the establishment of a national office for ministry to Hispanics.

Five hundred Hispanic ministry directors and delegates, representing 110 dioceses and the eight Hispanic ministry regions, joined 35 bishops, 98 priests, 17 permanent deacons, 55 women religious, and more than 300 lay men and women, including 115 couples, at the national gathering. The bishops facilitated twenty-three different workshops dealing with themes related to Christian identity and Christian action. From the statements of commitment that were developed at the conclusion of each of the twenty-three workshops, the Convocation '95 participants gave input to the development of a "Statement of Commitment" to ministry with Hispanics that was used by the National Conference of Catholic Bishops in developing their pastoral statement on Hispanic Catholics in the United States titled *The Hispanic Presence in the New Evangelization in the United States.*

At the closing ceremony of Convocation '95, the bishops' committee awarded the first national *Archbishop Patrick F. Flores Medal* to nine individuals and one couple for their contribution and service to the Church and Hispanic ministry. These recipients, and thousands more like them, continue to make evangelization of Hispanic Catholics possible. As the year 2000 draws near, Hispanic/Latino Catholics are a major pastoral priority in the Catholic Church in the United States.[19]

At the beginning of 1996, and as the Church approaches the new millennium, the implementation of the National Pastoral Plan is integral to the work of the NCCB Secretariat for Hispanic Affairs, the five

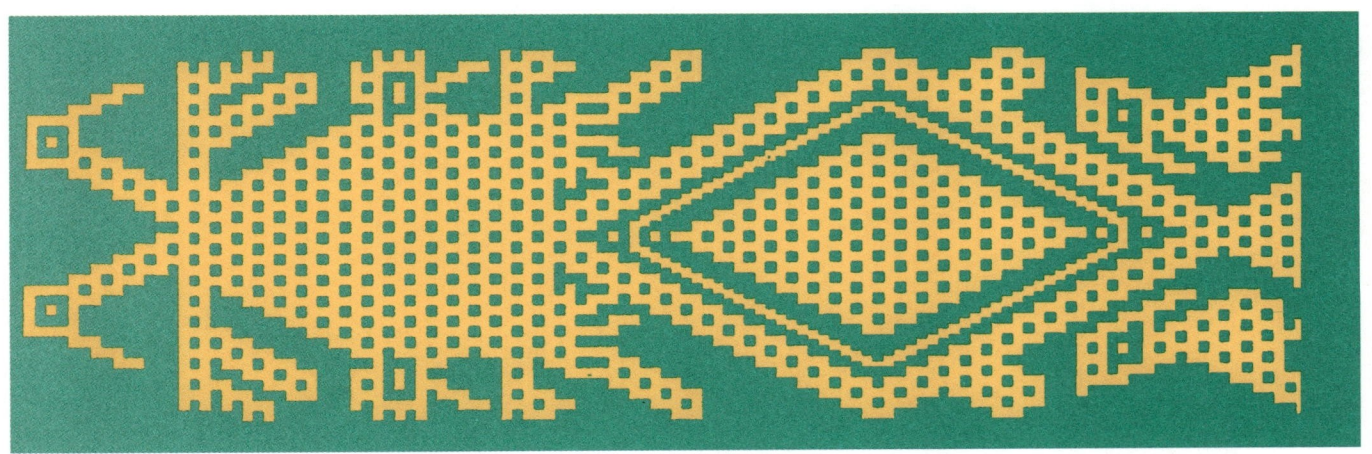

católicos. A medida que el año 2000 se acerca, los hispanos/latinos católicos son una prioridad pastoral principal dentro de la Iglesia Católica de los Estados Unidos.[19]

A comienzos de 1996, y a medida que nos acercamos al nuevo milenio, la implementación del Plan Pastoral Nacional es integral para la labor del Secretariado para Asuntos Hispanos de la Conferencia Nacional de Obispos Católicos, cinco oficinas regionales, tres asociaciones regionales, y más de 140 directores diocesanos y coordinadores del ministerio hispano en los Estados Unidos. Otros departamentos de la NCCB/USCC y secretariados, al igual que la mayoría de asociaciones y organizaciones eclesiales regionales que trabajan con el ministerio hispano, utilizan el Plan Pastoral como su modelo y medida al desarrollar su ministerio específico. El Comité de Obispos para Asuntos Hispanos y el Secretariado para Asuntos Hispanos, mantienen una estrecha relación de trabajo con estas oficinas y organizaciones pastorales y con las diferentes diócesis que desarrollan un ministerio con hispanos. Muchas diócesis han desarrollado, o están en el proceso de desarrollar, sus planes pastorales locales y estrategias para la evangelización, formación y catequesis dirigidos a hispanos católicos.

regional offices and three regional associations, and the over 140 diocesan directors and coordinators for Hispanic ministry in the United States. Other NCCB/USCC departments and secretariats, as well as most national and regional ecclesial associations and organizations working in Hispanic ministry, utilize the Pastoral Plan as their guideline and measure in developing their particular ministry. The Bishops' Committee on Hispanic Affairs and the Secretariat for Hispanic Affairs maintain a close working relationship with these ministry offices and organizations and with the various dioceses developing a ministry with Hispanics. Many dioceses have developed or are in the process of developing local pastoral plans and strategies for evangelization, formation, and catechesis among Hispanic Catholics.

NOTAS

1. Conferencia Nacional de Obispos Católicos, *Ministerio Hispano: Tres Documentos Importantes* (TMD); edición bilingüe. Washington, D.C.: United States Catholic Conference, 1995, p. 68.

2. TMD, p. 8.

3. Conferencia Nacional de Obispos Católicos, *Strangers and Aliens No Longer*: Primera Parte. Washington, D.C.: Conferencia Católica de los Estados Unidos, 1993, p. 89-105.

4. Privett, Stephen A. S.J. *The U.S. Catholic Church and Its Hispanic Members: The Pastoral Vision of Archbishop Robert E. Lucey.* San Antonio: Trinity University Press, 1988, p. 65-67.

5. Papa Pablo VI. Mensaje de saludo en las *Conclusiones del II Encuentro Nacional Hispano de Pastoral* (SE). Washington, D.C. Conferencia Nacional de Obispos Católicos/Conferencia Católica de los Estados Unidos, 1978, p. 7.

6. Conferencia Católica de los Estados Unidos, *Conclusiones Primer Encuentro Nacional Hispano de Pastoral (PE)*. Washington, D.C. Division for the Spanish Speaking, 1972, p. 1.

7. PE, p.2.

8. SE, p. 24.

9. Ibid., p. 25.

10. Ibid., p. 26.

11. Galerón, S., R.M. Icaza, R. Urrabazo, eds. *Visión Profética: Reflexiones Pastorales Sobre el Plan Pastoral Nacional para el Ministerio Hispano*. Kansas City, MO: Sheed and Ward and the Mexican American Cultural Center, 1992: p. 192.

12. TMD, p. 19, no. 18.

13. Ibid., p. 18, no. 19.

14. Ibid, p. 30.

15. Ibid., p. 31.

16. Ibid.

17. Ibid., p. 33.

18. Ibid., p. 71.

19. Conferencia Nacional de Obispos Católicos, *Mission Statement: Goals and Objectives 1997-99*. Washington, D.C. Conferencia Católica de los Estados Unidos, 1995, Objetivo 6.6.

NOTES

1. National Conference of Catholic Bishops. *Hispanic Ministry: Three Major Documents* (TMD); bilingual edition. Washington, D.C.: United States Catholic Conference, 1995, 68.

2. TMD, 8.

3. National Conference of Catholic Bishops. *Strangers and Aliens No Longer: Part One.* Washington, D.C.: United States Catholic Conference, 1993, 89-105.

4. Stephen A. Privett, SJ. *The U.S. Catholic Church and Its Hispanic Members: The Pastoral Vision of Archbishop Robert E. Lucey.* San Antonio: Trinity University Press, 1988, 65-67.

5. Paul VI. Salutation message in the *Proceedings of the II Encuentro Nacional Hispano de Pastoral (SE).* Washington, D.C.: National Conference of Catholic Bishops/ United States Catholic Conference, 1978, p. 49.

6. United States Catholic Conference. *Conclusiones Primer Encuentro Nacional Hispano de Pastoral (PE).* Washington, D.C.: Division for the Spanish Speaking, 1972, 1.

7. PE, 2.

8. SE, 64.

9. Ibid., 64.

10. Ibid., 65.

11. S. Galerón, R. M. Icaza, R. Urrabazo, eds. *Prophetic Vision*: *Pastoral Reflections on the National Pastoral Plan for Hispanic Ministry.* Kansas City, Mo.: Sheed and Ward and the Mexican American Cultural Center, 1992, 192.

12. TMD, 18, no. 18.

13. Ibid., 18, no. 19.

14. Ibid., 30.

15. Ibid., 31.

16. Ibid.

17. Ibid., 33.

18. Ibid., 71.

19. National Conference of Catholic Bishops, *Mission Statement: Goals and Objectives 1997-99.* Washington, D.C.: United States Catholic Conference, 1995, Objective 6.6.